Die sanfte Wandlung des Bullen

MYŌKYŌ-NI
IRMGARD SCHLÖGL

DIE SANFTE WANDLUNG DES BULLEN

DIE ZEHN BULLENBILDER

EINE SPIRITUELLE REISE

AUS DEM ENGLISCHEN ÜBERSETZT VON

MICHELLE BROMLEY UND
ULRICH BECK

WERNER KRISTKEITZ VERLAG

ISBN 978-3-932337-24-6

www.kristkeitz.de

Inhalt

Vorwort zur deutschen Übersetzung

Die zehn Bilder zur Umwandlung des Bullen sind eine beliebte Zen-Analogie. Eine deutsche Übersetzung der Bilder mit Kommentar von Zen-Meister Otsu an seine Mönche wurde von Buchner und Tsujimura verfasst und beim Neske-Verlag Pfullingen herausgegeben. Obwohl es eine englische Übersetzung dieses Textes und der Kommentare gibt, der den Zen-Weg vom Anfang bis zum Ende beschreibt, so ist er doch an Mönche im Kloster gerichtet und spricht uns nicht völlig an.

Ich habe über viele Jahre die Bullenbilder immer wieder als Lehrbeispiel benutzt. Daraus ist die englische Ausgabe *Gentling the Bull* entstanden. Diese wurde von Beck und Bromley ganz ausgezeichnet ins Deutsche übersetzt. Wenn diese Sie anspricht und zum Beschreiten des Weges ermuntert, ist ihr Zweck erfüllt.

In unserer rastlosen mit Angst erfüllten Zeit ist Friede nicht möglich, außer er wird zuerst im eigenen Herzen kultiviert. Wir haben den Weg zum eigenen Herzen vergessen – aber er ist nicht neu. Walther von der Vogelweide sagte schon:

Wer zwingt den Löwen,
Wer zwingt den Riesen,
Wer überwindet jenen und diesen?
Das tut der, der sich selber bezwingt.

»Der sich selber bezwingt«, nicht mit Gewalt und Unterdrückung, sondern durch ständige andauernde Übung, die zur wirklichen Umwandlung führt.

Myōkyō-ni (Irmgard Schlögl)

Der mittelhochdeutsche Text des zitierten Gedichtes lautet:

Wer sleht den lewen? Wer sleht den risen?
Wer überwindet jenen und disen?
Daz tuot einer, der sich selber twinget.

Vorwort

Chi-Yuan verfasste das folgende Vorwort zu Meister Kuo-ans (Kakuans) zehn Bullenbildern.

Die wahre Herkunft aller Buddhas ist der ursprünglichen Natur aller Lebewesen gleich. Durch Irrtum fallen wir in die Drei Welten hinein, durch Erwachen springen wir befreit aus den Vier Entstehungsarten heraus. Deshalb haben die Buddhas etwas zu vollbringen, und für die Menschen gibt es etwas auszuführen. Aus Mitgefühl ersann der alte Weise für seine Schüler verschiedene Wege, um ihnen die Wahrheit manchmal vollständig oder auch nur teilweise zu vermitteln, wobei er sie gelegentlich plötzlich oder auch allmählich vom Seichten bis in die Tiefe und vom Groben zum Feinen hinführte. Schließlich antwortete ihm einer seiner Schüler mit einem Lächeln. Die Augen dieses Schülers waren blau wie eine Lotusblume, und er war in der Übung des Loslassens am weitesten fortgeschritten. Seit dieser Zeit hat sich der Schatz des wahren Dharma-Auges überallhin verbreitet und sogar auch unser Land erreicht.

Wenn einer bis zum Innersten dieser Wahrheit vorgedrungen ist, erhebt er sich wie ein Vogel spurlos über alle Gesetze und Normen. Hält er sich aber an den mannigfachen Dingen fest, verfängt er sich in Reden und wird durch Worte irregeführt. Dann gleicht er der schlauen Schildkröte, wie sie versucht die eigenen Spuren mit ihrem Schwanz zu verwischen, wobei sie nur noch deutlicher sichtbar werden.

Schon vor langer Zeit erkannte Meister Ching-chu (Seikyō) die unterschiedlichen Begabungen der Menschen und lehrte folglich gemäß den jeweiligen Fähigkeiten seiner Schüler, wobei er wirksame Heilmittel für die entsprechenden Krankheiten verordnete. Seine Belehrungen stellte er bildlich mit der Wandlung des Bullen dar. In aufeinander folgenden Bildern zeigt er mit dem allmählichen Hellerwerden des Bullen die schrittweise Entwicklung des Schülers. Auf der Stufe der unbefleckten Reinheit des Bullen veranschaulicht er dann, wie weit die Fähigkeiten des Schülers herangereift sind. Schließlich deutet er mit dem Verschwinden des Menschen und Bullen auf das Vergessen von Herz und Umwelt (von Ich und Dingen) hin.

Obgleich auf dieser Stufe die Einsicht schon bis zur Wurzel vorgedrungen ist, bleibt immer noch ein Rest von Unklarheit im Verhalten äußeren Umständen gegenüber zurück. Daher beginnen nur schwach begabte Schüler verwirrt zu zweifeln, während andere mit geringem oder mittlerem Verständnis wankelmütig werden und nicht wissen, ob sie in leeres Nichts stürzten oder im Glauben an eine scheinbare Ewigkeit gefangen sind.

Kuo-an (Kakuan) hat zu jedem Bild ein passendes Gedicht verfasst. Wie schon vor ihm Meister Ching-chu (Seikyō) legte er in die Ausführung dieser bildlichen Darstellungen sein ganzes Herz hinein. Die schönen Gedichte spiegeln sich ineinander in hellem Licht.

Kuo-ans (Kakuans) Bullenbilder beginnen mit dem Vermissen des Bullen und führen bis zur Rückkehr in den Ursprung. Die Bilder und Gedichte passen zu den jeweiligen unterschiedlichen Fähigkeiten und Bedürfnissen der Übenden, ähnlich wie Essen und Trinken Hunger und Durst stillen. Auf der Suche nach dem tieferen Sinn und beim Aufdecken der verborgenen Feinheiten habe ich, Chi-yuan, mich stets von diesen Bildern leiten lassen – so wie eine Qualle die Augen von den kleinen Krabben borgt, die unter ihr Schutz suchen.

Von der »Suche nach dem Bullen« bis zum »Betreten des Marktplatzes« beabsichtigen meine Vorbemerkungen das Unbeschreibliche zu beschreiben, was genauso zwecklos ist wie der Versuch, einen viereckigen Kreis zu zeichnen. Hierdurch wird der Frieden der Menschen nur unnötigerweise gestört. Es gibt kein Herz, nach dem man suchen müsste, noch weniger einen Bullen. Welch seltsames Wesen betritt hier den Marktplatz! Wenn das Herz nicht dem der alten Meister bis ins Allertiefste hinein gleicht, dann geht das daraus folgende Falsche auf die Nachkommen über. Wahrlich, meine Vorrede kommt aus der Tiefe meines Herzens.

Die Bullenbilder

Vor der Betrachtung der Bullenbilder ist es empfehlenswert, sich mit der Landschaft vertraut zu machen, in der wir diesem Bullen begegnen. Unser Kommentar verwendet, wie traditionell üblich, immer wieder Hinweise auf den Originaltext, wobei auch Analogien und häufige Wiederholungen auftauchen, um verschiedene Aspekte und Entwicklungen in ihrer Tiefe und Feinheit zu veranschaulichen.

Die buddhistischen Lehren, besonders diejenigen des Mahāyāna-Buddhismus, gestalten die Landschaft, in welcher dieser Bulle herumstreift.

Die wirkliche Herkunft aller Buddhas ist dasselbe wie die ursprüngliche Natur, die uns allen innewohnt; sie findet sich in allem, was lebt und wieder vergeht. Demnach ist sie in den veränderlichen und somit unbeständigen Formen enthalten, welche erscheinen, für eine Weile fortbestehen und dann wieder verschwinden. Dies gilt nicht nur für Lebewesen; auch Stühle, Tische, Löffel, Blumen oder Bäume haben Buddha-Natur. Und weil das wahre Wesen von jedwedem Existierenden auch die ursprüngliche Natur aller Buddhas ist, kann unser wirklicher Ursprung nicht von dem der Buddhas verschieden sein. Aber: »durch Irrtum sind wir in die Drei Welten hineingefallen«, nur »durch Erwachen springen wir befreit aus den Vier Entstehungsarten heraus«.

Hiermit befinden wir uns schon inmitten der buddhistischen Landschaft. Was bedeuten diese Drei Welten eigentlich? In buddhistischen Texten begegnen wir ihnen immer wieder; es sind die Welt der Begierden, die Welt der Formen und der formlose Bereich. Alles in diesen Drei Welten Befindliche ist entstanden, verändert sich und wird früher oder später wieder vergehen. Das zeigt auch das Bild vom »Rad des Wechsels« mit seinen Sechs Bereichen und den ständigen Veränderungen. Dieses Rad des Wechsels wird auch als Rad des Werdens, oder von uns aus gesehen, als Lebensrad bezeichnet. Es ist eine Stätte des fortdauernden und immer wieder neu entstehenden Leidens. Daher streben Buddhisten nach Befreiung von dem Rad, nach Erlösung von dieser ununterbrochenen und jammervollen Daseinsrunde. Zumindest erhoffen sie sich durch »gute Lebensführung« eine Wiedergeburt in einem der drei besseren Bereiche.

Durch Verblendung sind wir also irrtümlich in diese Drei Welten hineingelangt, in denen die Existenz gelegentlich angenehm sein kann, aber doch größtenteils von Leiden geprägt ist. Obwohl unsere wahre Natur nicht an diese Drei Welten gebunden und somit auch frei von Leiden ist, sind wir durch Verblendung – durch unser »klebriges Anhaften« – in sie hineingefallen und daher den Leiden und Konflikten, dem Streit und dem Kummer und allen möglichen Problemen ausgesetzt. Wer unter uns wäre davon nicht betroffen?

Durch Erwachen entkommen wir beinahe sprunghaft den Vier Entstehungsarten. Nach buddhistischer Lehre entsprechen sie dem Mutterleib, dem Ei, der Feuchtigkeit, oder sie entstehen durch Umwandlung (auf dem Rad des Wechsels). Die buddhistische Bühne, auf der sich das ganze Drama abspielt, besteht also aus den Drei Welten und dem Rad mit seinen Sechs Bereichen. Die Aussicht auf ein endloses Kreisen auf diesem Rad mit der stetigen durch Verblendung hervorgerufenen Leidensrunde ist für einen Buddhisten kaum erträglich. Er sehnt sich daher nach Erlösung vom Rad und nach Erwachen zur wahren Natur, zu dem also, was wir wirklich sind.

Die Vier Entstehungsarten bestimmen die Art und Weise, wie alles Existierende hervorgebracht wurde. Begriffe wie Mutterleib und Ei sind eindeutig, die Vorstellung von Feuchtigkeit ist in diesem Zusammenhang schwieriger zu verstehen. Wenn man sich aber einmal während der Regenzeit in einem tropischen Land aufgehalten hat und beobachten konnte, wie innerhalb eines Tages aus einer kleinen Pfütze eine grüne Masse sich schlängelnderLebewesen wird, dann wird auch dieser Begriff klar verständlich.

Mit Ausnahme des formlosen Bereiches ist die Vierte Entstehungsart als Vorgang einer Umwandlung oder Transformation aufzufassen, als karmisches Kreisen auf dem Rad des Wechsels, als Werden im Samsāra, wodurch unsere Welt von Unzufriedenheit und Leiden geprägt wird. Lebewesen kreisen auf diesem Rad und tauchen endlos im Meer von Geburt und Tod auf und nieder. In den Sechs Bereichen des Rades sieht man zunächst die Himmelswesen, die eher als »begriffliche« geistige Kräfte und nicht als »Götter« zu verstehen sind; dann gibt es die Bereiche der kämpfenden Dämonen, der hungrigen Geister, der elenden oder Höllenwesen, diejenigen der Tiere und letztlich den menschlichen Bereich. Nirgendwo ist der Aufenthalt von Dauer; die Zeit des Verweilens hängt von karmischen Faktoren ab. Das bedeutet, dass wir selbst die Gestalter unseres eigenen »Schicksals« sind, weil unsere Aktionen und Reaktionen sowohl über die Dauer als auch den Bestimmungsort entscheiden. Immer wieder kreisen wir durch diese Sechs Bereiche – was auch oft als ein Wandern »von Leben zu Leben« verstanden wird. Doch das wissen wir eigentlich nicht. Sicher ist dagegen, dass wir mehrfach täglich diese Bereiche durchstreifen und daher mit unserem Umherkreisen sehr vertraut sind. Morgens beim Aufwachen geht es schon los: »Ach, wenn ich doch nicht aufstehen müsste«; damit befinden wir uns bereits in dem unglücklichen Bereich der elenden Wesen. Beim Frühstück ist mein Ei nicht so gekocht, wie ich es mir vorstellte, so kommt es zum Streit mit meiner Frau – jetzt bin ich bei den kämpfenden Dämonen angelangt. Dann verpasse ich den Bus: »Ach, wäre nur der öffentliche Verkehrsbetrieb besser organisiert, wenn ich nur ein Auto hätte, wenn es nur Parkgelegenheiten beim Büro gäbe, wenn nur…«, und an dieser Stelle befinde ich mich bei den hungrigen Geistern. Nur sporadisch erreichen wir im Tagesablauf für kurze Zeit den menschlichen Bereich. Für uns ist er ein seltener Aufenthaltsort, obwohl wir alle menschliche Körper besitzen.

Nach buddhistischer Lehre ist Befreiung von dem Rad nur aus dem menschlichen Bereich heraus möglich. Diese ewig kreisende Daseinsrunde wird durch die Drei Feuer in Bewegung gehalten. Diese Drei Feuer sind erstens Begierde, Verlangen, unaufhörliches und ungestümes Habenwollen; zweitens Jähzorn und drittens Verblendung. Wenn man bedenkt, wie viele Milliarden von Lebewesen es gibt, dann wird ersichtlich, wie außergewöhnlich selten es rein zufällig dazu kommt, in einem menschlichen Körper geboren zu werden. Hierfür gibt es eine traditionelle Analogie, welche dieses Ereignis veranschaulicht: Auf dem Weltmeer treibt ein Brett umher, welches in seiner Mitte ein Loch aufweist. Im Meer lebt auch eine blinde Schildkröte, die einmal in hundert Jahren zum Atemholen an die

Oberfläche auftauchen muss. Die Wahrscheinlichkeit, beim Hochkommen mit ihrem Kopf durch das Loch in diesem Brett zu stoßen, ist äußerst gering. Vergleichbar gering ist auch der Glücksfall, in einem menschlichen Körper geboren zu werden.

Selbst wenn wir in dieser glücklichen Lage sind, bedeutet das noch lange nicht, dass wir auch Bewohner des Bereiches der Menschen sind, denn wir durchwandern täglich alle Bereiche auf dem Rad und sind folglich nur für kurze Zeitabschnitte wahrhaft menschlich. Erlösung ist aber nur aus dem menschlichen Bereich heraus möglich. Daher müssen wir uns darum bemühen, Menschen zu werden, ständige Bewohner des menschlichen Bereichs und nicht nur vorübergehende Besucher oder heimatlose Vagabunde.

Ein traditionelles Zen-Training zielt deshalb darauf ab, uns wahrhaft menschlich zu machen, so dass wir stets aus dieser Menschlichkeit heraus handeln, fühlen, sprechen und denken können und dass wir auch wirklich unter allen Umständen, seien sie nun gut, schlecht oder indifferent, wahrhaft menschlich fühlen, sprechen und denken. Es ist leicht und natürlich, volle Menschlichkeit in den seltenen Augenblicken zu zeigen, wenn alles nach »meinen« Wünschen geht; das bringt unsere besten Seiten zum Vorschein: Dann sind wir freundlich, versöhnlich, hilfsbereit, fürsorglich und glücklich. Aber wenn irgendjemand aus Versehen auf meinen Fuß tritt? Dann kommt es zu einem elementaren Ausbruch in diesem guten, liebenswürdigen Wesen – nicht nur durch den Schmerz allein!

Ein entsprechendes Training ist aufgrund dieser Reaktionsweise anzuraten. Was sich in mir in dem Augenblick zusammenbraut, wenn mir etwas in die Quere kommt oder meine Pläne durchkreuzt, und wessen ich mir normalerweise gar nicht einmal bewusst bin, wird in unserer Analogie als Bulle bezeichnet. Es ist der wilde Aspekt unseres menschlichen Herzens, das allen Menschen gemeinsam ist.

Es wäre grundfalsch, diesen Bullen als Feind zu betrachten. Zuerst wollen wir ihn loswerden, was aber zum Glück nicht möglich ist, denn der Bulle verkörpert jene ungeheure Lebensenergie, welche nicht »mir« gehört, sondern die wahre Natur und der Ursprung von allen Buddhas und von allem Existierenden ist. In ihrer Intensität übertrifft sie bei weitem die Kraft, welche ich durch einen bewussten Willensakt aufbringen könnte. Meistens bin ich mir dieser Energie nicht bewusst – oder ich habe nur Angst vor ihr.

In der Nördlichen Tradition des Buddhismus heißt es: »Die Leidenschaften sind Buddha-Natur«, und umgekehrt. Diese Aussage bezieht sich direkt auf die Energie, welche als »meine« Reaktionen auflodert, aber ohne »Ich« wieder zu dem zurückkehren kann, was sie immer war. Hierüber wird später noch ausführlicher zu reden sein.

Die eben gemachte Aussage, dass die Leidenschaften die Buddha-Natur sind, darf niemals dahingehend missverstanden werden, dass ich mich jetzt nach eigenem Gutdünken ausleben könnte, um dieser »meiner« Buddha-Natur Ausdruck zu verleihen. Solange ich sie als mein Eigentum betrachte, solange »ich« noch da bin, wird der Bulle mich immer wieder davontragen.

Wer unter uns hat noch nie diese aufbrausende Bullenenergie erlebt oder wer wurde noch nicht von ihr fortgetragen? Wenn die Energie als Bulle auftaucht, verkennt man sie nur allzu leicht, und wir müssen sie sehr gründlich kennen lernen. Vor allem ist wichtig zu begreifen, dass es nicht um »meinen« Bullen geht. Wenn wir nach ihm suchen, ist er anscheinend gar nicht da. Und wenn er dann in seiner beeindruckenden Pracht auftritt (als wahres Feuerwerk der Leidenschaften), hat er mich schon fest im Griff. Nochmals ist zu betonen, dass er nicht mein Feind ist, denn die Leidenschaften sind ja Buddha-Natur. Dieselbe Energie flammt einmal ungestüm als brennende Leidenschaften auf, zum anderen »in-formiert« sie als Buddha-Natur alles Gestaltete. Wie ist das möglich?

Die Drei Daseinsmerkmale als Fundament aller Buddha-Lehren sind Veränderung oder Vergänglichkeit, das Leiden oder die Unzufriedenheit und das Nicht-Ich. »Alles Bestehende ist vergänglich.« Das wissen wir ja schon seit langem. Aber wenn wir einmal wirklich in die Lage kommen Veränderungen hinnehmen zu müssen, z. B. vom Geliebten hin zu Ungeliebten oder vom Angenehmen zum Unangenehmen, dann leiden wir darunter, und dieses Leiden ist unser gemeinsames menschliches Schicksal. Der Leidende ist »Ich«, jenes imaginäre Wesen, das lediglich aus »wählerischer Wahl« zusammengefügt ist. Das Gedicht Sōsans, des dritten chinesischen Patriarchen, mit dem

Titel »Vom Vertrauen im Herzen«, beginnt folgendermaßen: »Der höchste Weg ist gar nicht schwer, nur abhold wählerischer Wahl.« Bei genauerem Hinschauen stellt sich heraus, dass wählerische Wahl in der eigentlichen Natur von »Ich« ihre Wurzeln hat – »Ich« möchte dies, jenes aber nicht; der Fußboden sollte poliert werden; kein Orangensaft! Ich wollte doch Zitronensaft haben; die Sonne scheint, der Garten ist trocken, es müsste regnen! Warum kann ich nicht zielstrebig ohne die üblichen ablenkenden Gedanken meditieren? Was uns auch immer durch den Kopf gehen mag, sei es nun gut, schlecht oder einfach gleichgültig, es ist doch lediglich wählerische Wahl. Wenn wir versuchen diese wählerische Wahl loszuwerden, geraten wir in Teufels Küche, denn dieser Versuch wäre wiederum wählerische Wahl. So sind wir im Rad von Samsāra gefangen! Der Buddha wies uns den Weg zur Befreiung – nur ist sein Weg ganz anders, als ich ihn mir vorstelle.

Wir glauben in unserer Täuschung, dass es irgendetwas oder irgendjemanden gibt, der an der wählerischen Wahl beteiligt ist, weil dieser Vorgang kontinuierlich vor sich geht. Wir nennen diesen hypothetisch Handelnden »Ich« und halten ihn für wirklich existierend. Im Grunde gibt es aber nicht so etwas wie ein »Ich«, sondern lediglich den ununterbrochenen Strom der wählerischen Wahl. Wenn wir dem Weg des Buddha folgen und mit einem traditionellen Training beginnen, verliert dieser Strom allmählich seine zwanghaften Züge und gleicht sich langsam aus. Deutlich ist der Unterschied der beiden folgenden möglichen Aussagen: »Es wäre schön, jetzt eine Tasse Kaffee zu trinken, wenn es aber nicht möglich ist, dann ist's auch kein Problem.« Oder: »Ich muss jetzt unbedingt Kaffee trinken, um mich zu beruhigen, sonst kann ich einfach nicht weitermachen!« Wichtig ist, dass das Ende der wählerischen Wahl nicht ihr vollständiges Nachlassen bedeutet, wie ich irrtümlich annehmen könnte. Solange es einen Körper gibt, gibt es auch wählerische Wahl. Allein schon die Art und Weise des Gehens entspricht meinem Körperbau. Dagegen ist nichts einzuwenden, oder? Aber der Zwang, die Hitze, das Feuer, die Intensität von »Ich muss« (haben oder loswerden) quält uns und ruft Leiden und Probleme hervor. Der Buddha-Weg aus dem Leiden heraus besteht in der Umwandlung dieser Intensität oder Energie.

Aus dieser Perspektive zeigt sich »Ich« als Schöpfer all meiner Probleme und ist somit für meine Leiden verantwortlich. Die bedeutungsvolle Lehre des Buddha vom Nicht-Ich warnt eindringlich davor, alles persönlich zu nehmen und macht uns klar, wie die Dinge wirklich sind. Das bedeutet nicht, dass sie alle gleich sind. Es gibt weiße, rote und gelbe Blumen; keinesfalls stellt sich aber die Frage, ob weiße Blumen besser als rote sind. Und Bäume sind grün. Alle Dinge sind eben so, wie sie wirklich sind, und dies trifft in gleichem Maß auf rote und weiße Blumen wie auch auf grüne Bäume zu; sie treten in Erscheinung, existieren für eine Weile und vergehen dann wieder – das liegt in der Natur aller Daseinsformen. Diese Art des Sehens ist Buddha-Sehen, echte Erkenntnis. Diese Sichtweise ist für »mich« unzugänglich, weil ich durch wählerische Wahl voreingenommen bin, oder, noch deutlicher ausgedrückt, weil ich parteiisch, hitzig und für irgendetwas »entflammt« bin. Ohne Training bleibe ich in Vorurteilen stecken und unterliege der Täuschung, dass wählerische Wahl durch mich erfolgt. In Wirklichkeit gibt es aber bei gegebener Situation einen ganz neutralen Strom von wählerischer Wahl – ähnlich wie Wasser fließt oder wie die Sonne scheint.

Im Training geht es um die Ausbildung einer anderen Sichtweise. Solange die Vorstellung von »Ich« fortbesteht, wird es immer etwas geben, was mir nicht behagt. In einem solchen Fall steigt die Energie plötzlich aus scheinbar eigenem Antrieb empor. Sie scheint mich förmlich zu überfluten, ich werde fast fortgerissen – oder aber es gelingt mir, die Energie abzuwehren und fern zu halten. Wie auch immer: Ihr Auflodern als »Feuer« ist Folge meiner wählerischen Wahl. Wenn kein »Ich« da ist und auch keine beabsichtigte, vorurteilsbelastete und daher auch hitzige, Karma erzeugende wählerische Wahl – ist die Energie einfach das, was sie eben ist und immer war, nämlich Buddha-Natur. Als solche wirkt und ist sie in allem Existierenden, »in-formiert« alle Formen – eine Katze verhält sich, wie Katzen es eben tun, und ein Vogel wie ein Vogel. Wir verblendeten Menschen haben die natürliche Harmonie verloren – zeigt das vielleicht die biblische Geschichte vom Sündenfall und der daraus folgenden Vertreibung aus dem Paradies? Ein Fisch im Wasser weiß nicht, dass er darin schwimmt, ist er doch in seinem natürlichen Element und lebt in voller Übereinstimmung mit seiner Umgebung. Diese Analogie sollte nicht zu weit geführt werden. In Verbindung mit einem alten Zen-Spruch ergibt sich aber vielleicht ein weiterer Hinweis: Anfangs werden Bäume als Bäume gesehen und Wasser als Wasser; dann sind Bäume nicht mehr Bäume und Wasser ist nicht mehr Wasser (der gespaltene Zustand); und schließlich sind Bäume wieder Bäume und Wasser wieder Wasser. Nach Meister Rinzai verhält sich ein befreites Wesen »lebendig und spielerisch wie ein Fisch, der aus dem Wasser springt« – vollkommen in seinem Element und glücklich. Das ruhige Meer trägt einen guten Schwimmer; er braucht sich nicht sonderlich anzustrengen.

Diese an-geborene »In-form-ation«, das »natürliche Wissen«, Nicht-Ich, ist die Buddha-Natur, die allen Wesen innewohnt. In uns voreingenommenen Menschen liegt sie im Dunkel und wird verkannt. Die Folge davon ist, dass die Energie sich wie eingeengt und gleichsam blind verhält. So kann sie impulsiv, hitzig und bezwingend zum Ausbruch kommen und steht dann nicht mehr mit der Situation im Einklang – so wird sie zur Quelle des Leidens. Die Erlösung vom Leiden ist der Weg des Buddha. Sie setzt Abwesenheit von »Ich« voraus. »Ich« ist die Verblendung, die sich als ein Selbst innerhalb des Stroms der wählerischen Wahl ansieht. »Was ist das Wahre Gesicht, bevor Gedanken über Gut und Böse auftauchen?« – dies ist die Frage, die sich sogar noch vor dem Beginn der wählerischen Wahl stellt.

Hierin liegt auch die Umkehr, die wir mithilfe des Trainings herbeiführen können. Das sehr schöne buddhistische Bild von der Welle und dem Ozean bietet hierfür eine Analogie. Eine einzelne mit »Ich« vergleichbare Welle wird sich wie jedes »Ich« isoliert und abgesondert vorkommen, anstatt sich als ein Teil von allem Existierenden zu sehen. Ist man in einer solchen Haltung nicht sehr einsam und hilflos? Armes »Ich«! Kein Wunder also, dass ich leicht verängstigt und so oft verkrampft bin. Weil ich mich im Umgang mit anderen und der Außenwelt defensiv verhalte, neige ich zum Überkompensieren und kann mich dann auch aggressiv verhalten oder mich vollständig zurückziehen. Hierdurch entstehen viele Probleme und Schwierigkeiten, und ich fühle mich selten wohl.

Kehren wir zu unserer Wellenanalogie zurück. Eine isolierte Welle würde sich natürlich einsam und schutzlos und auf Wohl und Wehe der Umgebung ausgeliefert fühlen, besonders da diese oft als »bedrohlich« erscheint. Sie kann in Verbindung mit anderen Wellen emporsteigen und am Rand des Wellenschlags ankommen. Wenn sie dann erkennen könnte, gleichgültig ob sie nun aufschäumt oder herunterkracht, dass sie genau wie alle anderen Wellen nur Ozean ist, könnte sie sich dann noch fürchten? Auch wenn sie ihre »individuelle« vorübergehende Form als Welle aufgeben müsste und wieder zu dem würde, was sie immer war, nämlich Ozean, könnte das ein Grund für Panik sein? Besäße sie ein Bewusstsein, so wäre sie ihrer eigenen innewohnenden Ozeannatur gewahr geworden, durch die sie »in-formiert« wird und mit der sie eins ist. Obwohl diese innewohnende Natur nicht »mir« gehört, kann sie mir dennoch nicht genommen werden. Sie »in-formiert« und leitet die Form – jede gemäß und im Einklang mit ihrem Wesen, so wie es für diese spezifische Daseinsform mit ihren verschiedenen Phasen geeignet ist. Eine Maus wird sich beispielsweise mit Sicherheit und unter allen Umständen stets wie eine Maus verhalten – weder wie eine Katze noch wie eine Ameise. Und ein Welpe wird immer wie ein junger Hund spielen und sich nicht wie ein erwachsener aufführen und umgekehrt.

Mit dieser Einsicht würden alle anderen Wellen der Umgebung nur noch als Ozean gesehen. Könnten Spannungen, Verwirrtheit oder was auch immer bei solcher Einsicht weiter bestehen?

Als bloße intellektuelle Übung kann uns das Wissen helfen, wohin der Weg weist. Es könnte aber auch die Angst untergraben, die in uns allen, in jedem »Ich«, steckt. Die Angst davor, nicht das Notwendige zu besitzen, ist letztendlich nur die existenzielle Angst, das Leben zu verlieren. Geht es nun um Verlust, Tod oder etwas anderes: Jedes »Ich« hat vor irgendetwas Angst. Angst ist die Kehrseite von »Ich«; beide gehören wie Vorder- und Rückseite einer Münze zusammen. Hier wird die grundlegende Spaltung deutlich, unter der »ich« und wir alle leiden.

Im Buddhismus gilt Verblendung oder Nichtwissen als eines der Drei Feuer und auch als erstes Glied der Zwölfgliedrigen Kette der Bedingten Entstehung, somit auch als wesentlich für die Bewegung des Rades und damit für die Leidensentstehung. Verblendung ruft ein Bewusstsein hervor, welches willkürlich einen Handelnden im natürlichen Strom der wählerischen Wahl annimmt. Daraus folgt die Subjekt-Objekt-Spaltung mit noch zwei weiteren Konsequenzen. Die gerade erwähnte willkürliche Annahme eines »Ich« durchdringt den Strom der wählerischen Wahl, macht ihn parteiisch, so dass dieses begehrt und jenes verabscheut wird. Bei seiner egozentrischen Auswahl lehnt sich »Ich« gegen alles auf, was »anders« ist. Unter dem Einfluss derselben Verblendung fühlt es sich isoliert, verlassen und daher verängstigt. Ja, Ich und Angst sind unzertrennlich, wobei der eine Partner die Kehrseite des anderen ist. Alles ist nur Vorstellung, alles nur Täuschung; und im Herz-Sūtra wird die Abhilfe dargelegt: »Wo ist die Angst, wenn keine Gedanken mehr da sind?«

Ähnlich wie die Erfahrung der Welle, die sich nun endlich ihrer Ozeannatur bewusst wurde, ist die Erkenntnis der wahren Natur oder Buddhanatur mit der Befreiung von Isolation, Einsamkeit und Angst. Dies ist die Buddha- Einsicht, das plötzliche Erwachen des Asketen Gautama nach langjähriger hingebungsvoller Übung. Diese große Einsicht und das daraus resultierende Mitgefühl veranlassten ihn, den Rest seines langen Lebens dem Lehren zu widmen. Er unterrichtete die Bereitwilligen und dazu Befähigten, wie es in den Schriften heißt: »Zum Wohle der Menschen, deren Augen nur geringfügig mit Staub bedeckt sind.« Diese Lehre sollte niemals unwilligen Hörern aufgezwungen werden, aber für alle zugänglich sein, die willens und lernbegierig sind. Wir müssen uns darüber im Klaren sein, dass diese Lehre mehr auszuüben als zu erlernen ist!

Vor dem soeben geschilderten Hintergrund findet das Schauspiel von der Wandlung des Bullen statt – unsere Trainingsanalogie. Für die Buddhas gibt es etwas zu tun und für uns Menschen heißt es, etwas auszuführen. Nachdem er unter dem Bo-Baum erwachte und Buddha wurde, hat sich dieser Mann nicht in eine entlegene Bergklause zurückgezogen, um ein beschauliches, glückliches Leben zu führen, ohne sich dabei um andere Menschen zu kümmern. Stets war er für alle zur Stelle, die mit Problemen zu ihm kamen. Den Suchenden wies er den

Weg zu seiner Einsicht. Niemals sagte er von ihr, dass sie neu sei. Er erklärte nur, den Weg von alters her zu einer alten Stadt wieder entdeckt zu haben, wobei er wiederholt hervorhob, dass man diese Einsicht nicht von außen her »erwerben« muss. So sehr sie auch von Anhaftungen und Verblendung verhüllt war, war sie schon immer inhärent vorhanden und musste nur wieder aufgedeckt werden. »Ihr Mönche, ich verkünde euch, dass in diesem klafterlangen Körper die Welt enthalten ist, der Anfang der Welt, das Ende der Welt und der Weg, der zum Ende der Welt führt.« Der Kernpunkt seiner Botschaft lautete: »Ich lehre das Leiden und den Weg aus dem Leiden heraus.«

Wie schon zuvor erwähnt, ist der wirkliche Ursprung aller Buddhas die wahre Natur von allem Existierenden, von allem was lebt und wieder vergeht. Diese Natur muss nicht erworben werden, sie ist nur in Vergessenheit geraten. Sie war und ist auch immer da, durch hingebungsvolle Übung kann sie wieder entdeckt werden. Die hierfür erforderlichen Hilfsmittel sind ausführlich vom Buddha dargelegt worden und stammen aus seiner eigenen Erfahrung. So werden genau die Mittel und Wege beschrieben, die zu seinem Erwachen geführt haben. Wenn wir diese Lehren bereitwillig befolgen, können sie auch uns zur Einsicht führen – zu derselben Einsicht, die in uns schon vollständig vorhanden ist.

Wenn wir tatsächlich die Mühe auf uns nehmen wollen, dem Buddha-Weg zu folgen, ist die erwähnte bedeutsame Wiederentdeckung das Abenteuer, das uns allen bevorsteht. Wir müssen diesen Weg Schritt für Schritt gehen, er kann nicht mit dem Verstand erlernt werden, wobei es dann zu Äußerungen kommen könnte, dass es wohl einen solchen Weg gibt und auch so etwas wie Erwachen und dann lange darüber spekuliert wird, was Erwachen eigentlich ist und was nicht. Nur wenn wir den Pfad mit den eigenen Füßen betreten und ihm weiterhin folgen, kann ein jeder für sich selbst den alten Weg wieder entdecken, welcher zur alten Stadt des menschlichen Herzens führt. Als Zen-Schüler fallen uns dabei die Worte Bodhidharmas ein: »Unmittelbares Deuten auf das Menschenherz, in seine eigene Natur sehen und zum Buddha werden.« Das ist nicht nur der Kernpunkt des Zen-, sondern eines jeden buddhistischen Trainings.

Daher gibt es etwas für Buddhas zu tun. Nachdem die wahre Natur, die in allem Existierenden vorhanden ist, wieder entdeckt wurde, sollte auch anderen diese Entdeckung ermöglicht werden – eine echte Arbeit der Liebe: Ihr Strahlen kann anderen helfen, zu ihr zu finden. Danach haben sie selbst zu entscheiden, ob sie diesen Weg weitergehen wollen. Die Aufgabe der Buddhas besteht darin, den Zugang zu schaffen. Deshalb heißt es auch, dass der Buddha immer noch hier sei und mit uns übt, ebenso Bodhidharma, um uns den Weg zu zeigen.

Und für uns Menschen gibt es etwas auszuführen: Wenn wir uns zu den Lehren hingezogen fühlen, können wir sie anhören – bei wirklichem Interesse lässt sich noch mehr über Lektüre und Studium erfahren. Sollten sie uns weiterhin bedeutsam erscheinen und unser Herz ansprechen, können wir über sie nachsinnen und dabei vielleicht den Wunsch verspüren, selbst diesen Weg zu gehen und mit einem Training zu beginnen. Traditionell werden daher drei Stufen unterschieden: Mit unseren Ohren hören (da wir aber heutzutage mehr lesen als Reden hören, kann man auch sagen, mit den Augen lesen); im Herzen darüber nachsinnen; und mit dem Körper üben. Für uns Menschen im Westen ist es besonders wichtig zu verstehen, dass das Training mehr von körperlicher als geistiger Art ist. Die Arbeit mit dem Bullen ist keine intellektuelle Übung, denn wir arbeiten ja mit den Feuern, die im Körper lodern. Die Feuer oder Leidenschaften werden herkömmlich als rot angesehen – die Farbe des Blutes! Wenn wir nicht willens – oder unvorbereitet – sind, ihren emotionalen Überfall auszuhalten, und nur verstandesmäßig üben wollen, entgeht uns das Wesentliche. Wir machen uns dann selbst etwas vor, der Bulle wird nicht einmal erblickt, noch viel weniger kann seine sanfte Wandlung stattfinden.

Wir Menschen müssen uns zunächst einmal selbst wieder entdecken. Das bedeutet in erster Linie, den Bullen zu finden und dann mit ihm wirklich vertraut zu werden. Nein, niemals war er fort – schließlich ist er ja unser Hausgenosse in unserem menschlichen Körper. Da wir uns aber fremd geworden sind, ist der Bulle jetzt verwildert, so dass es schwierig ist, ihn einzufangen und wirklich zu wandeln. Diese Wandlung besteht in einer vollständigen Transformation der unberechenbaren, wilden und störrischen Bullennatur zu Sanftmut und Fügsamkeit, die unter allen Umständen wirklich menschlich bleiben, selbst wenn Prüfungssituationen auftreten oder Versuchungen locken. Die erwähnte Wandlung wird uns als Trainingsanalogie über den gesamten Weg hinweg begleiten. Allmählich kommen wir dem Bullen wieder näher und lernen seine Anwesenheit zu ertragen, statt wie bisher vor ihm davonzulaufen. Schließlich folgt dann das harte, geduldige, »Knochen brechende« Ringen, welches zur sanften Wandlung seiner Natur führen kann, die auch die unsrige ist. Niemals mehr dürfen wir den Bullen als unseren Feind betrachten, denn in diesem Fall wollen wir ihn einfach loswerden. Zum Glück ist das unmöglich, denn auch wild und ungezähmt verkörpert er die Energie oder Kraft, ohne die seine mühevolle Wandlung und Umbildung nicht erreicht werden kann. Dies ist ja unsere Aufgabe.

Der Buddha wies aus »Mit-Leid« mit den Menschen den Weg aus dem Leiden heraus. Es war derselbe Weg, den auch er gegangen war und für wirksam hielt. Den jeweiligen Bedürfnissen entsprechend zeigte er entweder den ganzen Weg auf oder deutete ihn nur teilweise an. Mitleid bedeutet wörtlich »leiden mit«; die uns anfallenden Leidenschaften der Drei Feuer sind Ursache unserer Leiden. Auch die Passion Christi war Leiden, welches er auf sich genommen hatte, um uns zu erlösen, also auch aus Mitleid. Der buddhistische Ausdruck »Kleśa« wird hier mit »uns anfallenden« Leidenschaften anstatt des meist gebrauchten Wortes »Befleckungen« übersetzt. Schließlich haben wir ja unter ihnen zu leiden.

Es ist ein Hauptanliegen des Buddhismus, diese Kleśa auszumerzen, was gleichbedeutend mit der Umwandlung ihrer inhärenten Energie ist. Gleichgültig aus welchem Blickwinkel wir dies betrachten, stets ergibt sich die grundlegende Perspektive: Der Weg aus dem Leiden heraus = Ausmerzen der uns anfallenden Leidenschaften = Umwandlung der in den Leidenschaften lodernden Energie in Buddha-Natur = Wandlung des Bullen = wahrhaft menschlich werden = Erkenntnis von Nicht-Ich = Ende jeglicher Angst = Einsicht in die Natur der Veränderung = Erlösung = Einsicht in die Dinge, wie sie wirklich sind = das Ende des Leidens = Erwachen. Diese Aufstellung zeigt uns die gleichsam Ehrfurcht gebietende Übereinstimmung aller buddhistischen Lehren, aller Schulen, aller Überzeugungen. Diese sprechen zwar in wirklich unterschiedlichen Sprachen, aber doch mit einer Stimme. Es ist die Stimme des Buddha. Unser Training und unser Verständnis müssen ständig überprüft werden, damit echte Übereinstimmung mit den Buddha-Lehren erreicht wird. Andernfalls können sie sich nicht zur Größe der überwältigenden Einsicht entwickeln, weichen vom Buddha-Weg ab, und ich gehe »meinen Weg«. Das wäre irreführend und ein Herabsetzen des Buddha-Weges und kann uns keinesfalls aus dem Leiden herausführen.

Die Kleśa, als quälende Leidenschaften verstanden, überkommen uns also. Wir verfügen nicht über sie in dem Sinn, dass wir sie beispielsweise willentlich herbeiführen oder selbst machen könnten; sie sind nicht mein Eigentum, das ich absichtlich hervorholen oder beiseite legen könnte. Wenn wir einmal äußern: »Ich habe eine Emotion«, so bedeutet das vielmehr: »Sie hat doch mich.« Es ist sehr wichtig, sich hierüber klar zu werden. Emotionen überkommen uns oft gegen unseren Willen und wider alle Vernunft; sie machen uns zu schaffen und wir haben unter ihnen zu leiden.

In einem Anfall von Jähzorn (das Gleiche gilt auch für ein überwältigend starkes Verlangen, unwiderstehliche Verlockungen oder auch Abneigungen) kann ich durch seine Intensität schier fortgerissen werden. Wenn ich derart »außer mir bin«, kann ich sogar einen Freund regelrecht anfahren, der dann sehr aufgebracht wird. Nachdem ich mich wieder beruhigt habe, mag ich kaum glauben, ähnliche Dinge wirklich gesagt zu haben. »Es ist mir einfach herausgerutscht, ich weiß nicht wie, ich muss außer mir gewesen sein«; und das trifft genau den Punkt, ich war außer mir, da ich von Wut einfach überwältigt war.

Wenn wir uns bestimmte geschichtliche Ereignisse vor Augen führen, in denen »wir außer uns waren«, stellen wir fest, vieles angerichtet zu haben, was keinesfalls mehr die Bezeichnung »menschlich« verdient. Es ergibt keinen Sinn, die Verantwortung hierfür auf die »anderen« abzuwälzen. Denn wir sind weder historisch, noch kollektiv, noch individuell unanfechtbar, weil wir alle den Leidenschaften ausgeliefert sind – wenn auch nicht gerade den ganz rohen, so doch zumindest den Ansichten und Meinungen –, angefangen bei der Vorliebe für bestimmte

Speisen bis hin zu Phobien und irrationalen Ängsten, ganz abgesehen von unseren viel gepriesenen religiösen, politischen und anderen Meinungen. Dies ist doch eine stattliche Anzahl, nicht wahr? Hier liegt der Machtbereich, in dem der Bulle herrscht. Irgendwie müssen wir mit unserer Neigung zurechtkommen, immer wieder gepackt und fortgetragen zu werden. Auf diese oder jene Art leiden wir darunter. Wie fühlen wir uns nach einem heftigen Streit? Sicherlich erinnern wir uns alle an einen? Die ganze Leidenschaft ist verpufft und wir sind erschöpft, weil die Energie sich entladen hat! Dann heißt es abzuwarten, bis sich der Vorrat an Energie wieder auffüllt, in der Zwischenzeit fühlen wir uns wie »ausgebrannt«.

Moderne psychologische »Methoden der Abreaktion« wenden dieses »Entladungssyndrom« praktisch an. Die Methode führt aber bei zu häufiger Anwendung zu einer Schwächung, wobei die Tragkraft verkümmert. Dann kommt es zu einem Verlauf wie bei jeder anderen Sucht – der Drang, immer wieder »Dampf abzulassen«, führt zu fortschreitender Erschlaffung und Schwächung. Die Leidenschafen quälen uns wirklich; sie überfallen uns, ohne dass wir wissen, auf welche Weise, und bevor wir überhaupt etwas merken, haben sie uns meist schon fortgetragen. Wenn wir später zu uns gekommen sind, erinnern wir uns kaum noch an das, was wir gesagt oder im betreffenden Moment getan haben. Der Sprachschatz hat hierfür passende Formulierungen. Während einer verbalen Auseinandersetzung behaupten wir mit voller Überzeugung und salbungsvoller Sicherheit, ganz gewiss im Recht zu sein. Wenn wir den Wortwechsel doch nur einmal auf Tonband aufnehmen und ihn dann später in beruhigtem Zustand anhören könnten, wären wir bestimmt ernüchtert! Denn was uns in der Hitze des Augenblickes als einleuchtende Wahrheit, ganz entscheidend und ausschlaggebend erschien, entpuppte sich in Wirklichkeit als ganz offensichtlich und banal, brächte mich gewiss zum Erröten und passte außerdem nicht zur Sache. Die Feuer, die Hitze, die Intensität oder die Kraft lassen in einem solchen Zustand unser Denken und Reden einleuchtend und tiefsinnig erscheinen. Bestenfalls kann aber in einem solchen aufgeheizten und verblendeten Zustand wirklich nur ein Allgemeinplatz entstehen.

Die belanglosen Gespräche von Verliebten sind ein gutes Beispiel dafür; sie erscheinen nur den Beteiligten bedeutsam, weil sie durch die Intensität der Feuer aufgebläht sind.

Wir werden also oft von den Leidenschaften heimgesucht, seien es nun die gänzlich ungebremsten, wie brennende Habgier und Jähzorn, oder die viel subtileren und damit noch gefährlicheren, wie »meiner Meinung nach«. Wir müssen lernen, nicht mehr von den Feuern mitgerissenen zu werden, sondern deren Energie zu einem guten Zweck zu verwenden. Energie ist dynamisch und muss daher eine Wirkung ausüben – im Buddhismus wird deshalb zwischen geeigneten und ungeeigneten Methoden unterschieden. Ein geeigneter Gebrauch der Energie besteht darin, ein wirklich menschliches Wesen heranzuschmieden, welches sich dementsprechend im menschlichen Bereich des Lebensrades aufhält. Dort stellt sich als Herausforderung die wahrhaft humane Aufgabe, anderen behilflich zu sein, zu diesem bedeutsamen Bereich zu gelangen.

Wie könnte einem das gelingen? Wenn wir uns über diese durch die Feuer hervorgebrachten Zustände und ihre Folgen klar werden, erkennen wir aus eigener Erfahrung das dadurch entstehende Leiden, das sowohl uns als auch andere betrifft.

So wird aus Mitleid heraus ein Versuch unternommen, die Gegenwart der Feuer zu ertragen, statt von ihnen ständig fortgerissen zu werden. Das ist der Anfang. Hier werden wir wieder an unsere Wanderung auf dem Rad des Lebens erinnert. Unter dem Einfluss der Feuer verhalten wir uns manchmal wie kämpfende Dämonen, dann aber auch wie die hungrigen Geister. Oder wir leiden einfach hilflos wie Tiere und sind dann erneut in den elenden Bereichen der Höllenwesen angelangt. Gelegentlich schweben wir empor und gleiten wie Himmelswesen dahin, wobei wir das Leiden um uns herum nicht wahrnehmen. Und schließlich sind wir auch für kurze Zeit menschlich! So kreisen wir ständig auf dem Rad. Aus dieser Erkenntnis heraus können dann echtes Mitleid und ein tiefes Bedauern über die Unfähigkeit entstehen, im menschlichen Bereich zu verbleiben, von dem allein die Erlösung möglich ist. Es ist die Aufgabe der Buddhas, den Weg dorthin zu weisen. Und unsere Aufgabe ist es zu üben, so dass wir den Weg für uns selbst wieder entdecken können – um ihn danach anderen zu zeigen.

Der Buddha wies uns den Weg aus dem Leiden heraus. Seine verschiedenen Lehren sind letztlich nur Variationen dieses Hauptthemas. Unsere Dankbarkeit, Bewunderung und Achtung gebühren dem Buddha, weil er die Lehren so vielfältig gestaltet hat. Denn nicht nur bei einem Spaziergang im Park, sondern auch in einer nur »inneren Landschaft« könnten wir geneigt sein, entweder am Fluss entlang oder unter den Bäumen weiterzuwandern. »Die Dharma-Tore sind mannigfaltig, wir geloben, sie alle zu erlernen.« In gleichsam mysteriöser Übereinstimmung scheint es so zu sein, als ob sich beim Befolgen eines Weges (und wir können nicht mehr als einen gleichzeitig gehen), alle anderen doch nur als der eine herausstellen. Das Betreten des Weges bedeutet zugleich auch, dass wir leer werden, und damit verschwinden von selbst langsam alle unsere Urteile, Meinungen und auch unsere scheinbare Einsamkeit.

Es ist nicht leicht, diesen Weg zu gehen. Wenn wir im Herzen keine echte Zuneigung für ihn empfinden, geben wir bei auftretenden Schwierigkeiten sofort auf. Nur wenn die Zuneigung des Herzens wirklich aufrichtig ist, können wir weitergehen, denn dieser Weg führt »über mich selbst hinaus«. Auch wenn mir scheint, als ob ich nicht weitergehen könnte, ist das Streben des Herzens die Kraft, die mich weiter zu ziehen vermag – Nicht-Ich.

Am Anfang müssen wir den Buddha-Weg herausfinden, der unser Herz anspricht. Nach schon beträchtlicher Wegstrecke stellen wir dann allmählich fest, dass die anderen Buddha-Wege gleichartig und nur in unterschiedlichen Landschaften zu finden sind. Es ist wichtig, sich auf einen Weg zu beschränken. Bekanntlich führt das Mischen von alkoholischen Getränken zu einem Kater, nicht etwa weil die einzelnen Getränke unverträglich wären, sondern aufgrund der unbedachten Mischung. Wenn man schon eine größere Strecke auf dem eingeschlagenen Weg zurückgelegt hat, dann kann man, ähnlich wie sich aus vielen Zuflüssen ein mächtiger Strom gebildet hat, über dessen Verlauf nun keine Zweifel mehr bestehen, nun auch die Nebenflüsse erforschen. Dies könnte zum Wohl derer sein, die Neigung zu diesen Wegen verspüren. Daher heißt es auch: »Die Dharma-Lehren sind mannigfaltig, ich gelobe, sie alle zu erlernen.« Aus Mitleid und Erbarmen verkündete der Buddha seine Lehren zum Wohl der Lebewesen – wobei dieselbe Wahrheit mal vollständig, mal teilweise nach den jeweiligen Fähigkeiten seiner Zuhörer dargelegt wurde.

Man könnte sich fragen, warum er die gesamte Lehre nicht auf einmal verkündete, warum manchmal nur teilweise? Ein altes Sprichwort, öfters eine Quelle des Ärgers für moderne Menschen im Westen, kann als Analogie gesehen werden: »Erzähle dem Frosch im Teich nicht von der unermesslichen Größe des Ozeans.« Ich bin doch kein Frosch im Teich und finde den Vergleich einfach demütigend. Zudem bin ich momentan unzufrieden, es muss doch noch etwas anderes geben. Der große Ozean interessiert mich daher sehr, ich möchte ihn gerne sehen, um ihn zu »erleben«!

Zum Glück liegt dies jenseits »meiner« Möglichkeiten – denn wenn diese Lehre mir auf einmal hier und jetzt vollständig offenbart würde, könnte sie mich in einen geradezu tödlichen Schrecken versetzen. In unserer spirituellen Eiszeit ist ja jegliches Empfinden von Ehrfurcht längst verloren gegangen. Wir kennen aus der Bibel Parallelen. So beginnt ein himmlischer Bote – zum Beispiel ein Engel –, wenn er einen sterblichen Menschen anspricht, seine Rede fast ausnahmslos mit den Worten: »Fürchte dich nicht!«, um so das Erschrecken vor dem »völlig anderen« zu vermeiden und die Aufnahme der Botschaft möglich zu machen.

In unserem aufgeklärten Zeitalter haben wir keinen Sinn mehr für Ehrfurcht und Wunder, Achtung, Verehrung, Hingabe oder Demut. Wir haben verlernt, wie man die Hände faltet und den Kopf neigt, und wie man sich im Herzen und mit dem Körper verbeugen kann. All dies ist bedeutungslos geworden, da wir nur noch in unseren Köpfen leben. Dennoch ahnen wir, dass uns eine ganze Dimension abhanden kam, nach der sich das Herz sehnt! Wie wäre uns zumute, wenn wir in den frühen Morgenstunden plötzlich einen unheimlichen Flammenschein auflodern sähen? So ist die oben erwähnte Geschichte vom Frosch im Teich noch eine sehr mitfühlende Warnung, die verhindern soll, dass ich allzu plötzlich mit dieser »offenen Weite« konfrontiert werde, von der Bodhidharma sprach, denn diese könnte mich zu Tode erschrecken. Alle religiösen Traditionen warnen gerade vor solchen Ereignissen. So sind viel Zeit und ein hartes Training erforderlich, nach und nach ein willentliches Loslassen; immer wieder geht es um das Falten der Hände, ein Sich-Geben und Sich-Niederlegen, bis so wenig zurückbleibt, dass eine Gegenüberstellung mit der »offenen Weite« des großen Ozeans nicht mehr nötig ist, weil kein »Ich« mehr da ist, das mit irgendetwas konfrontiert werden müsste. Hier begegnet uns wieder Buddhas Lehre von Nicht-Ich. Jetzt hat auch die Welle begriffen, dass sie nichts ist als Ozean, oder der Übende ist sich des »Wahren Gesichtes«, der ursprünglichen und wahrhaftigen Natur von allem, was ist, gewahr geworden.

Leider wird heutzutage sogar von Buddhisten der religiöse Aspekt der Lehre nur selten erwähnt, da er einerseits für unwissenschaftlich gehalten wird oder einfach nicht dem entspricht, was gerade populär ist. Spirituelle Arroganz dringt nicht bis zum Herzen vor und ist weit vom Buddha-Weg entfernt. Es ist ganz wichtig, sich über den religiösen Aspekt klar zu werden, weil wir erst dann ein echtes Bedürfnis verspüren, die Hände zu falten, den Kopf und den oft zu steifen Nacken zu beugen und so unsere Last abzulegen. Durch Hingabe finden wir Trost und Unterstützung in Zeiten von Sorgen, Trauer und Angst. Ferner kann durch das Niederlegen ein Licht im Herzen aufgehen mit einem ersten Einblick in seine wahre Natur.

In allen Traditionen gibt es Geschichten, welche diesen Punkt besonders betonen. Sie lassen uns erkennen, dass der innere Weg aller Religionen derselbe ist. Wir lernen auf diese Weise auch, andere religiöse Traditionen zu achten, und sind gleichzeitig dankbar dafür, im Buddhismus einen Weg gefunden zu haben, den wir gehen können. Möglicherweise hätte uns ein Weg »in einer anderen Landschaft« nicht angesprochen. Eine Lehr-Erzählung der chassidischen Tradition hilft uns, das Niederlegen und Sichverbeugen zu verstehen: Ein wahrhaft frommer Rabbiner hatte einen sehr begabten Schüler, der ihm eines Tages die Frage stellte: »Wie ist es möglich, dass heutzutage niemand mehr Gott schauen kann, während in alten Tagen viele sein Antlitz erblicken konnten?« »Mein Sohn, weil sich heute niemand mehr so tief verbeugen kann«, lautete die Antwort. Wir können über diese Geschichte zu unserem eigenen Nutzen nachdenken, wenn unser Rückgrat erneut steif zu werden beginnt und wir Worte gebrauchen wie: »Jetzt mache ich Schluss.

Ich will und kann nicht weitergehen, will und kann dies und jenes nicht mehr ertragen.« Wer kann sich so tief verbeugen?

Der Buddha lehrte manchmal eine schnelle, dann wiederum eine allmähliche Annäherung – wenn wir es eben auf Anhieb nicht schaffen uns so tief zu verbeugen, so können wir es vielleicht doch nach und nach lernen. Wichtig ist nicht die Art des Lernens, sondern das tatsächliche und wiederholte Tun.

Eines Tages sollte der Buddha vor einer großen Versammlung von Menschen, die seine Dharma-Lehren hören wollten, eine Ansprache halten. Irgendjemand überreichte ihm eine Blume. Der Buddha blieb sitzen und erhob wortlos die Blume. Die ganze Versammlung verharrte reglos auf den Plätzen, niemand wusste, worum es ging – vielleicht erwartete man eine Erklärung über das Anheben der Blume – jeder wählte aus seinen Gedankenströmen Möglichkeiten aus, was im nächsten Augenblick geschehen könnte. Aber es geschah einfach nichts. Nur ein einziger unter den vielen Anwesenden lächelte, Mahākāśyapa, als er den Buddha die Blume hochheben sah. Daraufhin sagte der Buddha: »Ich besitze das kostbare Juwel des wahren Dharma-Auges und überreiche es hiermit dir, Mahākāśyapa.«

Dieses Ereignis wird als Beginn der Überlieferung angesehen, den die Zen-Schule als ihr Fundament betrachtet, nämlich die Überlieferung von Herz zu Herz, vom Buddha über Mahākāśyapa und ununterbrochen weiter über die folgenden Generationen bis in unsere heutige Zeit. In dankbarer Erinnerung wird dies jeden Morgen in Zen-Tempeln und -Klöstern besungen, und die wichtigsten Gedenktage werden in dankerfüllter Rückschau in Erinnerung an diejenigen eingehalten, die ihr Leben lang den Weg gegangen sind und ihn so überlieferten, dass wir ihm heute noch folgen können.

Hiermit ist der Schauplatz der Handlung errichtet. In dieser Landschaft können wir uns nun selbst auf den Weg machen, unseren Herz-Bullen zu suchen. Mit all den Bergen, Bäumen, Wiesen und Sümpfen ist dies die Landschaft der buddhistischen Lehren vom menschlichen Herzen.

I – Die Suche nach dem Bullen

Wonach die Suche? Der Bulle war doch niemals fort. Ohne sein Wissen ist sich der Hirte fremd geworden, so ging der Bulle im Staub verloren. Die heimischen Berge rücken immer weiter in die Ferne, und plötzlich findet sich der Hirte auf verschlungenen Pfaden wieder. Gier nach Gewinn und Angst vor Verlust lodern in ihm wie eine Feuersbrunst auf, und Ansichten über richtig und falsch stehen einander wie Lanzen auf dem Schlachtfeld gegenüber.

Gedichte

1

Im hohen Gras sucht der Hirte nach seinem Bullen,
allein in der endlosen Wildnis.
Breit fließt der Fluss, hoch sind die Berge,
und immer tiefer in die Wildnis führt der Pfad.
Wo er auch sucht, erschöpft und verzweifelt,
findet er keine deutliche Spur.
Nur der Gesang der Zikaden
klingt am Abend aus den Ahornbäumen.

2

Suchend eilt der Hirte dahin,
den Blick nur in die Ferne gerichtet.
Merkt er nicht, dass seine Füße
im schlammigen Sumpf versinken?
Wie oft schon hat er vergeblich
Hsin-feng (Shinpo), das Lied der Hirten, gesungen,
Als die Sonne zwischen den duftenden Gräsern versank?

3

Im Ursprung gibt es keine Spuren.
Wer könnte dort suchen?
Verirrt taumelt er im Nebel
und im dichten Unterholz umher.
Obwohl er ahnungslos nach der Nase des Bullen greift,
kehrt er schon wie ein Gast zurück.
Doch unter den Bäumen bei des Wassers Rand,
wie traurig klingt sein Lied.

Bild 1
Die Suche nach dem Bullen

Dies ist der Anfang der Geschichte. Wir werden diese Bilder sehr sorgfältig betrachten müssen. Warum ist überhaupt von Suche die Rede? Obwohl der Bulle niemals fort war, ist es anscheinend doch so, weil der Hirte sich nämlich von sich selbst abgewandt hat. Eine solche Abkehr führt zur Spaltung in zwei Hälften, wir richten uns dann nur nach einer Seite, wobei wir die andere vernachlässigen oder gar verleugnen. So gerät sie aus dem Blickfeld und damit in Vergessenheit. Aber plötzlich fällt uns auf, dass wir etwas vermissen – wir wissen zunächst nicht, was, ahnen jedoch, dass uns eine ganze Dimension fehlt und sehnen uns daher nach »Vollständigkeit«. Anscheinend gibt es in uns etwas wie gähnende Leere – die Ursache von Unsicherheit, Aggressivität, die Ursache unserer Wünsche, Fehler und Ängste. Meistens verbringen wir unsere Zeit mit vergeblichen Versuchen, diese schier unersättliche Leere auszufüllen. Wir stürzen uns unkritisch mit Begeisterung auf alle möglichen Neuigkeiten – neue Moden, neue Ideen, verschiedenste Ernährungsweisen wie beispielsweise Bio- oder Reformkost, vollwertige, faserreiche Nahrung, Rohkost und sogar geistige Nahrung – was auch immer diese gähnende Leere im Inneren auszufüllen verspricht. Das Bedauerliche dabei ist – Verblendung ist im Buddhismus eines der Drei Feuer –, dass wir mit zunehmendem Hunger immer leichtgläubiger werden. So viel wir auch in uns hineinzustopfen versuchen, es bringt letztlich keine Befriedigung, und wir bleiben weiterhin hungrig. Die hungrigen Geister sind ein Bild für diese missliche Lage und auch für das darin liegende Leiden.

Daher ist die Suche nach dem Bullen keine Suche nach etwas, was wir uns einfach einverleiben könnten, da er niemals fort von uns, abwesend oder verloren war. Im Vorwort zu seiner Kōan-Sammlung *Das torlose Tor* sagt Meister Mumon: »Die Schätze des Hauses kommen nicht durch die Eingangspforte herein.« Sie gehören zum Haus und sind schon da. Folglich ist auch das, was die unersättliche Leere ausfüllen könnte und dies auch wirklich tut, nichts, was erworben werden müsste. Die Erfüllung im Sinn von Vollständigkeit liegt demnach nur in der Wiederentdeckung von etwas, an dem es niemals gefehlt hat. Weil wir uns jedoch von uns selbst abgewandt haben, sind wir uns dessen nicht bewusst. Diese Abkehr von uns selbst beinhaltet auch, dass wir mit uns selbst auf Kriegsfuß stehen. Hierin liegt die grundlegende Verblendung (Avidyā), das erste Glied der Zwölfgliedrigen »Kette der Bedingten Entstehung«, welche der Buddha formuliert hat.

Die Spaltung ist im ersten Bild dargestellt: Hier will der Hirte sich auf die Suche machen. Zwar ist er sich darüber klar, dass etwas fehlt; er weiß jedoch nicht, was es ist, und bemerkt nicht, dass seine Füße in die eine Richtung gehen, während sein Kopf zur anderen Seite hin gewandt ist. Er ist uneins mit sich selbst, und daher bleibt seine verzweifelte Suche zunächst erfolglos. Bisweilen kann es sogar schwierig sein, einen Fuß hinter den anderen zu setzen und weiterzugehen.

Vielleicht habe ich ein wenig über Buddhismus gehört und daraus einen eigenen Standpunkt entwickelt. Ich könnte auf die Idee kommen, dass Meditation eine Art Wunderheilung für alle meine Probleme ist, und dass das Wunder wirklich geschehen wird, wenn ich nur lange und hart genug meditiere. Dies ist nur einer unter vielen Aspekten einer gespaltenen Einstellung. In der Regel sind wir zu ungeduldig und urteilen aufgrund mangelnden Verständnisses vorschnell. So unterliegen wir, ohne es selbst zu wissen, dem Einfluss »hitziger« Meinungen, d. h. der uns anfallenden Leidenschaften, bleiben leicht stecken und haben so mancherlei Schwierigkeiten. Was geschieht beispielsweise, wenn ich ein Bein vorwärts bewege und bemerke, dass ich so gut »vorankomme« und dann darauf bestehe, ausschließlich mit diesem »bewährten« Bein weiterzugehen anstatt mit beiden? Die Spaltung erreicht dann letztlich solche Ausmaße, dass ich mich gar nicht mehr fortbewegen kann. Diese hilfreiche Analogie zeigt uns, wie lächerlich und sinnlos solche erwartungsvollen Beschäftigungen sind.

Manch einer verliert den Mut und wird unruhig und ängstlich, wenn er ohne entsprechende Anleitung zu »meditieren« beginnt, wird aber dennoch ungehalten, wenn man ihm dann sagt: »Kein Wunder, du hast ja praktisch nichts anderes getan als zu meditieren. Wenn du es allein dabei belässt, fehlt dir eine Hälfte. Mach eine Pause und benutze dann das vernachlässigte Bein – kümmere dich um die Übung im Alltag (Śīla).«

Tatsächlich sind wir an der Übung im Alltag nicht sonderlich interessiert, wenn wir überhaupt jemals etwas über sie gehört haben. Wir ziehen es vor, unsere Hoffnung auf die so genannte Meditation zu setzen, also auf das »bloße Sitzen«, auch wenn unsere Beine dabei schmerzen. Die Alltagsübung ist mühsam und schwierig, schier endlos, da sie sich über den ganzen Tag erstreckt. Aber die Śīla-Übung darf keinesfalls vernachlässigt werden, da die hierbei entwickelte innere oder moralische Kraft für alle ernsthaften Meditationsversuche wesentlich ist. Die Suche geht also weiter.

Durch Abkehr von sich selbst wurde sich der Hirte selber fremd, so dass er sich nicht mehr kennt, obwohl er glaubt, dies zu tun. Er ahnt nur, dass ihm etwas fehlt, aber er weiß nicht, was. Die »andere Seite« ging scheinbar verloren. Obwohl gerade sie es ist, die ihn oftmals »antreibt«, ist er sich ihrer nicht bewusst.

So hat sich der Hirte in nebelhaften Gefilden verirrt. Während er versucht in die vertraute Landschaft zurückzufinden, weichen die heimischen Berge immer weiter zurück, und plötzlich bemerkt er, dass er nicht weiterkommt und sich verirrt hat. »Begierde nach Gewinn und Angst vor Verlust lodern wie eine Feuersbrunst auf.« Habgier und Angst sind Folgen des immer währenden Stroms der wählerischen Wahl. Fälschlicherweise wird »Ich« für diesen Vorgang verantwortlich gemacht, im Sinn von: Ich bin es, der wählerisch ist. »Ich«, als Subjekt, ist stets parteiisch und einseitig; so kommt es bei der Wahrnehmung der Dinge zu einer Aufspaltung in Gegensatzpaare, die Ursache für die »zehntausend Dinge«. Aber in Wirklichkeit gibt es kein auswählendes Ich, es wird nur irrtümlich angenommen.

Nachdem ich mich gewissermaßen eingerichtet und alles, einschließlich der Götter und Teufel, in einem ersten Akt geschaffen habe, bin ich der Handelnde. Wenn ich aber nicht da bin, wird alles unheimlich! Die Annahme eines auswählenden Ich ruft gleichzeitig Profitgier und Verlustangst hervor. An dieser Stelle sei eine Geschichte über Meister Huang-po (Ōbaku) erwähnt, Meister Rinzais Lehrer. Der große Tang-Kaiser gehörte zu seinen Verehrern. Eines Tages standen die beiden am Fluss, der durch die Hauptstadt strömte. Der Kaiser bekundete sein Wohlgefallen beim Anblick des regen Betriebs verschiedenartigster Schiffe und äußerte selbstgefällig: »Wir besitzen doch ein wahrhaftig mächtiges Reich – sieh nur die verschiedenen Schiffe!« »Ich kann lediglich zwei Schiffe erkennen«, sagte Ōbaku. »Was meinst du nur damit? Auf dem Fluss gibt es doch zahllose Schiffe«, erwiderte der Kaiser. »Nur zwei Schiffe«, wiederholte Ōbaku mit Bestimmtheit, »das Schiff Gewinn und das Schiff Ruhm.« Der Kaiser nahm sich diese Worte zu Herzen, und unter seinen Gesetzen und Reformen nahm das Tang-Reich Gestalt an.

Gibt es noch irgendetwas anderes außer diesen beiden Schiffen, wenn wir an wählerische Wahl denken? Was an materiellem oder spirituellem Gewinn, an Sicherheit und Zufriedenheit infrage gestellt wird – dies ruft Angst hervor. Ja, die wählerische Wahl wurzelt tief in unserer Existenz, und wir tun gut daran, sorgfältig auf sie zu achten, da sie so eng mit Ich und Angst verknüpft ist. »Ich« mag ja nichts anderes als eine trügerische Vorstellung sein. Für einen derartig Verblendeten ist sie jedoch nicht weniger wirklich als die begleitende Angst. Wenn wir aus einem Albtraum erwachen, wissen wir sofort, dass das soeben Erlebte nicht der Wirklichkeit entsprach. Aber für die Dauer des Traumes wurde das Geschehen als real erlebt.

Ein traditionelles Training verfügt über geeignete Methoden, die Angst langsam und sicher abzubauen. Erinnert euch an den Frosch im Teich! Auf dem Weg, wieder Nichts zu werden, ist die Angst niemals weit entfernt. Wenn ich mich im Trainingsverlauf immer weniger mit mir selbst beschäftige, wird die Angst geringer und Veränderungen können gleichsam wie von selbst vor sich gehen. Sind wir uns darüber klar, dass sich aus derselben Angst heraus Ansichten über richtig und falsch gegeneinander richten wie Lanzen auf einem Schlachtfeld? Sind wir uns bewusst, dass sich in einem Streit über möglicherweise ganz banale Dinge unsere Stimme plötzlich verändert und irgendetwas Unbekanntes aus uns heraus spricht? Wir bemerken diese Veränderungen nur selten – gelegentlich erinnern wir uns rückblickend durch die ausgelöste Wirkung an sie. Wieder einmal sind wir von dem Bullen überwältigt worden.

Die zuvor erwähnte gähnende Leere hat den Wunsch nach Gewinn und Ruhm mit der Intensität eines Überlebenswillens hervorgerufen, daher steht die folgende Angst vor Verlust oft in keinem Verhältnis zum aktuellen Geschehen.

Noch etwas gesellt sich zu dieser trügerischen Verwicklung hinzu, weil ich nämlich diese »Ich«-Täuschung aufrechterhalten und weiterführen muss. Diese Täuschung hat mich ja schon von Beginn an als den Handelnden hingestellt! Deshalb ist ständig Energie erforderlich, um diese Illusion in meinen Ansichten am Leben zu halten und sie sogar offenkundig zu machen, damit sie von anderer Seite bestätigt und gewürdigt wird. Tief im Innersten nagen jedoch ängstliche Zweifel in mir, dass ich schlussendlich nichts bin. So bin ich wie ein aufgeblasener Ballon in Marionettenform. Wenn ich diese Marionette hoch oben schwebend weiß, ach! – dann geht es mir richtig gut. Alles scheint doch in Ordnung zu sein, und ich bin glücklich. Wenn ich aber nur für einen Augenblick vergesse oder daran gehindert werde, Energie in sie hineinzupumpen, dann schrumpft die Puppe zusammen, und ich bekomme es mit der Angst zu tun; meine Rettungsleine wird durchschnitten! Was auch immer der Grund dafür ist, dass die Marionette zusammenschrumpft oder hinuntersinkt oder dass mir wirklich akuter Schmerz zugefügt wird, dann ist es so, als ob ich einen kleinen Tod erleide. So bin ich ständig bemüht, die Marionette unter allen Umständen und mit letzter Kraft zu verteidigen, damit sie dort oben weiter schweben kann. Aber eine solche Energieverschwendung lässt nur wenig Kraft für die normalen Aktivitäten des Alltags übrig. So ermüde ich schnell und stehe oft unter Stress; ich gerate unter Druck, weil ich einfach nicht mehr ausreichend Energie für meine gewöhnlichen Pflichten und Aufgaben besitze.

Letztere langweilen mich sogar, ich will ihnen daher nicht mehr nachkommen, da die Arbeit, »meine« Marionette in der Luft schwebend zu erhalten, schon mühsam genug ist. So taucht unvermeidlich in jedem traditionellen Training diese echte Schwierigkeit auf, genügend Kraft zu mobilisieren, um die Marionette von ihrer Energiezufuhr abzutrennen. Das ist alles andere als leicht. Viele kleine Tode müssen gestorben werden, um die Marionette zum Sinken zu bringen. Nur dann ist es möglich, »den Standort anzuschauen, wo die eigenen Füße stehen« und herauszufinden, um was es eigentlich geht.

In der Zwischenzeit bleiben wir noch gespalten, halten nach irgendetwas Ausschau, sind ständig auf der Suche nach Erfüllung, immer mit der Vorstellung, dass es für mich ist, dass ich erfüllt werden muss, dass ich ganz werden muss – ich dieses, ich jenes. Dies ist die typische gespaltene Art des Sehens, wobei die Füße in eine Richtung gehen und der Kopf in eine andere blickt. Am Anfang ist es einfach so, das lässt sich nicht ändern. Wir müssen an dem Punkt beginnen, an dem wir uns befinden und mit dem, was wir haben.

Wenn wir diese Reise antreten, sollten wir uns zunächst über die vorhandene Ausrüstung und darüber im Klaren sein, wie wir sie verwenden können. Es ist zwecklos, uns ähnliches Rüstzeug zu wünschen, wie es dem Buddha zur Verfügung stand – wir sollten einfach aufbrechen und weitergehen. Wie das erste Bild zeigt, suchen wir in unserem gespaltenen Zustand überall nach dem »richtigen« Weg. Ich will immer Recht haben – deshalb mache ich so viele Fehler. Nach Überwindung der anfänglichen Trägheit und dem Start warten viele Entdeckungen auf uns.

Die Übung im Alltag – das ist volle Hingabe in die augenblickliche Tätigkeit – scheint sehr einfach zu sein, gar nichts Besonderes oder Aufregendes. Fast stellt sich die Frage – und was sonst noch? Aber versuche es einmal und bleibe dabei. Sie gestaltet sich als äußerst schwierig und ärgerlich; nichts ist dabei leicht zu machen. Eins aber ist tröstlich: Nur ein vollkommener Buddha kann diese Übung perfekt ausführen! Durch das andauernde Training werden wir an sie gewöhnt; wiederholt werden sich neue Möglichkeiten als Voraussetzungen für die nächsten Schritte ergeben. Dabei kann »Ich« den nächsten Schritt weder voraussehen noch planen; das ist eine weitere Lektion, die es zu lernen gilt. Am Anfang erscheint die Übung der vollständigen Hingabe in die augenblickliche Tätigkeit keineswegs so klar und einfach, wie wir dachten. Im weiteren Verlauf werden im Training Reaktionen, Gewohnheiten, Einstellungen und Neigungen zutage treten, deren ich mir bisher nicht bewusst war. Gerade diese sind aber die Voraussetzungen, welche den nächsten Schritt ermöglichen.

Wie könnte ich mit der Zubereitung warmer Gerichte beginnen, wenn ich zuvor noch nie in einer Küche war und demnach von den elementarsten Dingen keine Ahnung habe? Angenommen, ich stöbere eines Tages in altem Gerümpel herum und finde dabei das Rezeptbuch meiner Großmutter. Wehmütig erinnere ich mich an den köstlichen Kuchen, den sie zu backen pflegte. Ich finde das Rezept – meine Güte, wie einfach! Sicherlich kann ich das auch, obwohl ich mich nie bemüht habe etwas zu backen. Ich kaufe also alle erforderlichen Zutaten und bin startklar. Wiederum lese ich: »Schlage einen Stich Butter schaumig, füge drei Löffel Zucker und drei Eigelb hinzu.« Beim Griff nach der Butter wird mir klar, dass ich überhaupt nicht weiß, wie viel ein Stich Butter ist. Da ich niemals in einer Küche war, habe ich noch keinen gesehen. Und wenn ich es mir recht überlege, drei Löffel Zucker – flach oder gehäuft? Teelöffel? Esslöffel? Das Rezept sagt, dass die Anteile genau stimmen müssen. Ich weiß auch nicht, wie man ein Ei aufschlägt und das Eigelb vom Eiweiß trennt. Aber das soll mich jetzt nicht weiter kümmern, da ich immer noch nicht mit dem Stich Butter zurande gekommen bin.

Das Training kann mit diesem Beispiel verglichen werden. Es setzt eine gewisse Vertrautheit mit einigen Grundlagen voraus und ein Wissen durch Übung mit dem Körper, welches nicht rein gedanklich erworben ist. Wenn diese Grundlagen nicht vorhanden sind, geraten wir in Schwierigkeiten oder gehen in die Irre. Traditionelle Meditationslehrer sprechen nicht von Śīla-Übung – sie halten sie einfach für selbstverständlich. Wie könnte man sonst auf den Gedanken kommen, sich einer Meditations-Disziplin, also einer religiösen Disziplin zu unterwerfen, die bei all den zwangsläufig auftretenden Unannehmlichkeiten großes Durchhaltevermögen erfordert? Die dafür nötige Kraft wird in der Śīla-Übung gewonnen, und ohne sie werden alle Meditationsversuche misslingen. Zwischen den beiden folgenden Kräften gibt es deutliche Unterschiede: Einmal zwinge ich mich dazu, irgendjemand zu werden oder etwas zu erreichen – oder die Kraft wird durch die Übung im Alltag (Śīla-Übung) gewonnen, also durch volle Hingabe mit ganzem Herzen an das, was augenblicklich zu tun ist. Das große inspirierende Vorbild hierfür ist der Buddha unter dem Bo-Baum; sogar Mārā der Versucher konnte ihn von seinem Entschluss nicht abbringen, und auch seine Töchter und Dämonen sind daran gescheitert.

Wenn wir moderne Meditationsanleitungen nach »do-it-yourself-Art« lesen, könnte der Eindruck entstehen, Anleitungen zur Heimausbesserung in Händen zu halten, oder sie lesen sich ähnlich wie Kochrezepte: »... Bringt die Aufmerksamkeit hierher, und jetzt dorthin, jetzt hebt sie an und richtet sie darauf«, und so weiter. Das hört sich alles sehr leicht bis zu dem Zeitpunkt an, an dem wir es selbst versuchen. Richtet die Achtsamkeit worauf auch immer von euch verlangt wird – auf die Nasenspitze, auf eine Kerze, auf den Leib oder nirgendwohin – macht sie leer! Bleibt nun für mindestens eine Stunde lang so sitzen. Versucht es doch! Gelang es euch, die Achtsamkeit so zu lenken und sie dort zu halten? Ja? Für wie lange, ohne Unterbrechung? Natürlich kann ich das nicht – »Ich der Handelnde« kann das nicht.

Es geht darum, wirkliche Arbeit zu leisten. Und sie bringt für mich keinerlei Nutzen, denn ich bin ja nicht einmal der Handelnde. Das ist die erste Lektion, die es zu lernen gilt. Anfangs kann ich natürlich nicht umhin zu glauben, dass »ich« es tun muss. Wenn ich lange genug durchhalte, muss ich feststellen, dass »ich« es nicht kann. Und jetzt entsteht durch Frustration und Enttäuschung darüber eine Gegenreaktion: »Jahrelang trainiere ich nun schon, und doch gibt es keine Fortschritte.« Und das trifft zu – denn wie könnte eine Illusion jemanden dazu bringen Fortschritte zu erzielen? Es ist einfach eine Frage des Weitermachens ohne ein Gewinnstreben oder Ruhmessucht. Für mich wird dabei nichts herauskommen, ich werde nicht besser, ich werde kein großer, berühmter Praktizierender werden, »ich« werde kein Buddha. Wenn alles gut geht, bleibe ich einzig und allein das, was ich schon immer gewesen bin – nichts. Hierin liegt das Erwachen aus der Verblendung, wovor ich mich fürchte, weil ich mir einfach nicht die Fülle von Nicht-Ich vorstellen kann. Einesteils will ich mich in die Übung hineingeben, andererseits halte ich mich ängstlich davor zurück, lasse mich ablenken oder suche nach Ausflüchten. Wiederum bin ich gespalten.

In Japan mit seinen so zahlreichen immergrünen Bäumen werden alte Blätter als gütig angesehen, weil sie so lange hängen bleiben, um die neuen Blätter bis zum Sprießen der Knospen zu schützen. Dann erst fallen sie ab. Hierin sieht man eine Ähnlichkeit mit dem Verhalten der Eltern zu ihren Kindern. Für das Zen-Training könnte uns das Beispiel sagen, dass wir mit dem Gehen anfangen müssen. Da wir nun einmal von uns selbst abgewandt sind, wissen wir noch nicht, wohin uns der Weg führen mag. Wenn wir aber lange genug einfach weitergehen und bereit sind, die Dinge zu nehmen, wie sie kommen, und für das Gehen aufgeschlossen bleiben, tauchen Gegebenheiten auf, die sehr verschieden von bisher vorgestellten sind. Wenn wir sie einmal verarbeitet oder »verinnerlicht« haben, verändert sich unsere alte Einstellung langsam, und sie wird mit der Zeit ganz hinfällig, weil sie jetzt unwirksam oder unwichtig geworden ist. An ihrer Stelle entwickelt sich eine ganz neue, die für das aktuelle Trainings- oder Entwicklungsstadium geeigneter ist. Andauernd erscheinen im Trainingsverlauf neue Sichtweisen, die ihrerseits zu weiteren Veränderungen der Einstellung führen – ein langsames Wachsen und Reifen in der Tiefe, eine kleine Änderung nach der anderen. Langsam weicht dabei die verkrustete Struktur von »Ich« auf und mit ihr die Angst, aus welcher der Wunsch geboren ist, irgendetwas sein oder bekommen zu müssen – vorzugsweise natürlich etwas Gutes, jedenfalls alles lieber als nichts.

Diese nur geringen Veränderungen der inneren Einstellung geschehen fast unbemerkt. Nur rückblickend stellt man fest, dass Anlässe für früheren Ärger jetzt bedeutungslos erscheinen und kein Problem mehr sind. Beachtet, dass in dieser Erkenntnis »Ich« fehlt; daher gibt es kein Problem mehr. Hierin liegt das Geheimnis eines guten Trainings.

Es gibt aber noch eine andere Seite dieser kleinen Veränderungen. Bekanntlich sind wir alle große Sammler. Nachdem ich nun endlich eine neue Einstellung gefunden habe, die sich in bestimmten Stadien und Phasen als hilfreich erwiesen hat, halte ich an ihr fest wie am so heiß geliebten Leben selbst. Was sich einmal als nützlich erwiesen hat, will ich nicht mehr loslassen. Wie hilfreich es auch früher einmal gewesen sein mag, so hilft es doch nicht mehr jetzt beim nächsten Schritt. Dies ist ein Gesichtspunkt der Floß-Parabel des Buddha, welche besagt, dass man sich nicht damit abmühen sollte, das Floß weiter mit sich herumzutragen, nachdem man sicher das andere Ufer erreicht hat. Wenn wir also in der Haltung des alten Blattes verharren, so kann es nicht abfallen, obwohl dies der Situation nicht mehr angemessen ist. Somit kann sich nichts Neues entwickeln, oder wenn es doch dazu kommt, so wirkt es meist verschroben oder künstlich. Zur nochmaligen Erinnerung sei die Frage gestellt: Was geschieht, wenn wir darauf bestehen, mit dem Fuß weiterzugehen, den wir gerade vorwärts gesetzt haben? Und wenn ich dann noch einen Schritt mit demselben Fuß machen will, bin ich schließlich so gespalten, dass es überhaupt nicht mehr vorwärts geht! In dieser Notlage muss man mir dringend raten, diesen Versuch aufzugeben und den anderen Fuß voran zu setzen – woran ich nicht gedacht hatte. Solche Analogien erscheinen sehr simpel, sind aber in Wirklichkeit hilfreich.

Begehren oder Verlangen ist eines der Drei Feuer – eine Ur-Energie. Daher stellt sich nicht die Frage, wie man sich ihrer entledigt. Vielmehr geht es darum, die in den Feuern enthaltene Energie sinnvoll zu verwenden. Anstatt dies zu tun, lassen wir uns oft wohl oder übel von dieser Energie hinreißen oder verleugnen sie unpassenderweise sogar. Grundsätzlich ist jedes Verlangen, beispielsweise nach Ruhm oder Gewinn, mit einem Wunsch nach »mehr« verbunden (also etwas Besseres, Höheres usw. zu haben). Dies allein erklärt hinreichend, warum wir solche Schwierigkeiten dabei haben, irgendetwas loszulassen. Was und auf welchem Weg ich auch immer erworben haben mag, ist doch mein Eigentum geworden, nicht wahr? Es gehört mir und ist ein Teil von mir. Deshalb ist sein Verlust so schmerzlich.

Dies hilft uns auch beim Verständnis derart drastischer Maßnahmen in einigen Zen-Geschichten, wie beispielsweise das Abhacken eines Armes. Dabei ist gänzlich unwichtig – dies muss betont werden –, ob solche Geschichten historisch belegt sind oder nicht. Wir wissen es nicht – wahrscheinlich sind sie unwahr. Ihre Botschaft ist aber im tiefsten Sinn wahr. Wenn wir diese beherzigen, könnte es uns erspart bleiben, in eines der beiden Extreme zu fallen – das heißt die historische »Tatsache« wegzudiskutieren oder die »Handlung« wortgetreu nachzuahmen.

Wie auch immer: Verlust tut weh. Je weniger Erfahrung wir damit haben, umso mehr Schwierigkeiten bekommen wir. Früher lernten Kinder bei Spielen bereitwillig sowohl deren Regeln als auch »fair play«, das heißt auch ein guter Verlierer zu sein und sich über das Glück des Gewinners zu freuen. Heutzutage scheinen wir nicht mehr wirklich spielen zu können – entweder will ich mit grimmiger Entschlossenheit gewinnen, egal wie – oder aber der »Wettkampf« in Sport und Spiel gilt als schädlich. Was für ein Unsinn – die gesamte Natur, nicht nur unsere, aber die von allem, was ist, basiert doch schließlich auf dem Prinzip, welches neutral gesehen als »äußerste Anstrengung« bezeichnet werden kann. Andernfalls steckten wir alle noch im Urschlamm.

So müssen wir »Spielen« und »Verlieren« aufs Neue erlernen. »Lass das Herz nirgendwo verweilen«, sagt das Diamant-Sūtra. Dies ist eine universelle Einsicht; nichts spezifisch Östliches liegt darin.

Worin liegt dann das Problem? Schließlich habe ich erfolgreich etwas zustande gebracht und mir mühsam angewöhnt, danach zu handeln; irgendwie gehört die Gewohnheit jetzt zu mir, ist ein »Eigentum« von mir (nicht einfach meins) geworden. Daher mag ich mich nicht von ihr trennen, sie loslassen oder einfach beiseite legen. Sehr verdienstvoll ist der Sūtra-Gesang. Dabei wird zunächst das Herz mit dem Streben nach dem Buddha-Pfad erfüllt. Danach könnte man versucht sein, es für eigene Zwecke, nämlich das Begehen des Weges, einzusetzen. Aber eigentlich bleibt uns gar nichts, sondern wir »reichen das Verdienst weiter«, so dass wir – voll in den Gesang hineingegeben – am Ende gereinigt und von allem leer sind. Täglich durch den reinigenden Gesang immer und immer wieder nichts zu werden, ermöglicht uns mit dem Dharma in Einklang zu kommen, das heißt mit der uns innewohnenden Natur. Da sie uns fremd geworden ist, befinden wir uns gespalten inmitten eines Gestrüpps von Gegensätzen und sind somit in die zehntausend Dinge verstrickt. Angenommen, wir zaudern und wollen nicht das Risiko auf uns nehmen, vom aktuellen Standort aus weiterzugehen und stellen Überlegungen an wie: »Nein, ich werde mich überhaupt nicht rühren, bis ich genau weiß, was ich zu tun, zu sagen und zu denken habe – nur dann werde ich den Buddha-Weg gehen, weil ich ihn nur dann richtig beschreiten kann.« In diesem Fall sitzen wir ewig herum und brüsten uns noch mit der Täuschung, dass ich es tun könnte, wenn ich nur einmal wüsste, wie man es macht. Aber wir lernen nur durch das eigentliche Tun, nicht durch Überlegungen, wie es gemacht werden könnte, denn dann kommen wir nicht voran.

Dieses Unglück stieß einem Tausendfüßler zu. Weil er so schnell und wendig laufen konnte, wurde er eines Tages gefragt: »Wie kannst du nur all deine Füße derartig kontrolliert bewegen, so dass sie sich niemals überkreuzen und du niemals stolperst? Dazu bei dieser hohen Geschwindigkeit! Und mit welchem Bein fängst du eigentlich an zu laufen?« Der Tausendfüßler dachte nach und stellte fest, dass er es nicht wusste. Lange dachte er über die Frage nach, allerdings fand er keine Antwort. Er starb an Ort und Stelle, wobei er sich bis zuletzt mit der Frage nach dem »Wie« beschäftigte und daher unfähig wurde, sich von der Stelle zu rühren.

Kümmert euch also nicht um das »Wie«, fangt irgendwie mit dem Gehen an, rührt euch zu mindest. Gleichgültig, ob man unsicher, lahm oder sogar in sich selbst gespalten ist, man lernt nur durch das eigentliche Tun. Wenn wir willig und lerneifrig sind, lassen wir uns auch eher korrigieren. Dies ist für die kleinen Veränderungen der Einstellung wichtig und bildet zugleich ein Gegengewicht zu dem Festhalten an »meiner« Art es zu tun, die so oft vom Buddha-Weg verschieden ist! Dies ist der Kernpunkt eines anderen japanischen Sprichwortes, dem man beim Zen-Training häufiger begegnet: »Besser als das Lernen ist es, sich daran zu gewöhnen.« Diese Äußerung weist erneut darauf hin, dass das Training einen betont körperlichen Aspekt hat. Es wird mehr mit dem Körper als im Kopf durchgeführt.

Trotz allem beginnt der Hirte jetzt loszugehen, obwohl er immer noch gespalten und mit sich selbst uneins ist. Das bedeutet auch, dass Streben und Motivation jetzt harmonisch vereint sind. Er hat etwas über Buddhismus gehört und begriffen, dass das ihm anscheinend Fehlende nicht außerhalb seiner selbst zu finden ist. Zwar ist dies immer noch ein rein intellektuelles Verstehen. Tief im Innern ahnt er aber, dass er noch etwas anderes, etwas »mehr«, etwas Zusätzliches finden und irgendwie »verinnerlichen« muss.

II – Das Entdecken der Spuren

Beim Lesen der Sūtras und Anhören der Lehren beginnt der Hirte langsam ihre Botschaft und Bedeutung zu erahnen. Er hat jetzt die Spuren entdeckt und begriffen, dass die unterschiedlichen und mannigfaltigen Dinge aus einem einzigen Gold bestehen, und dass seine eigene Natur sich nicht von der aller anderen unterscheidet. Noch kann er nicht zwischen echt und unecht unterscheiden, noch viel weniger zwischen Wahrheit und Täuschung. Daher kann er das Tor noch nicht durchschreiten. Vorläufig lässt sich nur sagen, dass er die Spuren entdeckt hat.

Gedichte

1

Hierhin und dorthin führen die Spuren des Bullen
unter den Bäumen am Wasser.
Hat der Hirte den Weg durch das hohe, duftende Gras gefunden?
Wie weit der Bulle auch laufen mag,
selbst bis zu den fernen Bergen,
Er kann sich nicht verstecken,
denn seine Nase ragt zum Himmel auf.

2

Viele Irrwege kreuzen sich beim toten Baum am Felsen.
Erkennt er seinen eigenen Irrtum,
wenn er in seinem kleinen Gras-Versteck rastlos herumläuft?
Während er sucht und seine Füße den Spuren folgen,
geht er am Bullen vorbei und lässt ihn so entkommen.

3

Viele haben den Bullen gesucht,
doch wenige haben ihn jemals gesehen.
Wo hat er seinen Bullen gefunden, hoch in den nördlichen Bergen
oder weit unten im Süden?
Der Eine Weg von Licht und Dunkel,
auf dem alles kommt und geht –
sollte sich der Hirte auf diesem Weg befinden,
braucht er nicht länger zu suchen.

Bild 2
Das Entdecken der Spuren

Hier in Bild 2 hat der Hirte schon eine Reihe neuer Erfahrungen gesammelt. Er kam mit den Buddha-Lehren in Berührung und hat manche seiner eigenen tief verwurzelten Gewohnheiten und Einstellungen »entdeckt«. Ungefähr weiß er jetzt, welche Richtung es einzuschlagen gilt. Er hat von Erlösung gehört und möchte sie erlangen. Füße und Kopf haben jetzt zueinander gefunden. Zum ersten Mal ist ihm klar, wonach er sucht, nämlich nach seinem eigenen Herz-Bullen. Sein Wissen ist jedoch noch von rein intellektueller Natur. Eigentlich war der Bulle niemals fort. Der Hirte hat ihn aber »aus den Augen verloren« – sein Bulle war aus dem Bewusstsein entschwunden –, und daher meint er, ihn irgendwo außerhalb suchen zu müssen.

Weil unser imperatives »Ich Will« konkrete Bilder hervorruft, hinter denen wir herjagen, machen wir Fehler über Fehler. Dennoch werden wir von einem echten Zwang dazu veranlasst – einem angeborenen Trieb –, lebenslang die Suche nach dem eigenen Herzen fortzusetzen. Wie bedauerlich, wie wirklich lächerlich und doch so wunderbar geheimnisvoll – so muss man unsere verzweifelte Suche nach etwas nennen, was niemals verloren ging.

Auf dieser Suche macht das Herz seinen Weg wie von selbst. Vom Wunsch nach Wiederentdeckung geleitet, malt es Bilder von sich selbst. Manchmal scheint es auch förmlich aus unserer Brust herausspringen zu wollen, um Aufmerksamkeit auf sich zu ziehen, wobei es sich mit einem leuchtenden Schleier drapiert und einen unwiderstehlichen Reiz ausüben kann. Man kann doch schließlich nicht ohne Herz leben, und wenn wir das eigene Herz außerhalb von uns wähnen, müssen wir ihm einfach dorthin folgen – damit gelangen wir wiederum in den Bereich der Feuer, der überwältigenden Leidenschaften, kurz gesagt, in den Bereich der Verblendung.

Ich hörte einmal eine Geschichte von einem Lehrer aus Thailand über derartig heimtückische Leiden. Sein Bericht ging mit einem leisen Lachen einher: »Es gibt auch dumme Mönche und ich werde euch von einem erzählen, ha, ha! Als jener einst im Dunkel der Nacht in seiner kleinen Meditationshütte saß, erblickte er auf einmal einen goldenen Ball, der vor ihm aufsprang und dann wie von selbst in den Dschungel hineinrollte. Er war wunderschön, und so lief er ihm nach. Der Ball rollte aber immer weiter fort, und jedes Mal, wenn der Mönch ihn fast eingeholt hatte und ihn fangen wollte, rollte er ein wenig schneller fort.

So folgte der Mönch dem Ball auf verschlungenen Wegen kreuz und quer durch den Dschungel. Einmal hätte er ihn beinah ergriffen, aber dann sprang der Ball unerreichbar hoch in einen Baum hinauf, oh, dieser wunderschöne goldene Ball! Er kletterte hinter ihm her, denn es erschien klar, dass er ihn einfach haben musste – ohne ihn erschien das Leben nicht länger lebenswert; er war zu schön, einfach hinreißend! Entschlossen kletterte der Mönch hinter ihm her; der Ball sprang höher und höher und rollte dann auf einem großen Ast entlang. Dieser begann unter dem Gewicht des Mönches bedrohlich zu schwanken, und dabei verschwand der Ball. »Wieder zu sich gekommen«, fand sich der Mönch hoch oben im Baum auf einem sehr exponiert gelegenen Ast und war entsetzt darüber, dass er nicht mehr herunterklettern konnte. Er wagte auch nicht sich zu bewegen und schrie um Hilfe. Stundenlang musste er rufen, bis ihn schließlich andere Mönche hörten und ihm beim Absteigen behilflich waren. Was war nur geschehen? Ha, ha! – man lässt doch sein eigenes Herz nicht einfach entkommen!«

Meist müssen eine gefährliche Situation oder auch äußerste Erschöpfung eintreten, um das Herz wieder zurückspringen zu lassen; so verlor auch der Mönch auf seinem schwankenden Ast den goldenen Ball aus den Augen. Und als er wieder »erwachte«, war er entsetzt zu sehen, wo er sich befand. Es geht uns allen ähnlich. Solch eine Verzauberung oder ihr Gegenteil können sehr lange anhalten. Der Mönch hatte noch einmal Glück.

Wie oft springt unser Herz heraus, so dass wir einfach gezwungen sind hinter dem verlockenden Gegenstand herzulaufen, der sich von uns entfernen will? Profit, Ruhm, ein neuer Hut, der eleganteste Sportwagen, ein Haus, eine Geliebte, Erleuchtung, Satori – was auch immer es sein mag.

Wie können wir nur zu diesem Herzen gelangen? Schließlich tritt es doch nicht immer in der Form eines goldenen Balles zutage, oder? Bodhidharmas berühmte Strophe lautet:

> Eine besondere Überlieferung außerhalb der Lehre.
> Unabhängig von Schriften.
> Das unmittelbare Deuten auf das menschliche Herz.
> In seine eigene Natur sehen und zum Buddha werden.

In das menschliche Herz hineinzusehen bedeutet mit ihm und auch mit seiner ihm innewohnenden Energie eins zu werden. Diese ist ja gewaltig, wenn wir uns an den goldenen Ball erinnern. Da wir zusammengehören, müssen wir dem Herzen einfach nachgehen, wir können gar nicht umhin dies zu tun. Da wir uns durch das Spiel seiner Erscheinungsformen täuschen lassen – der goldene Ball –, werden wir wie von einem Trugbild in die Irre geführt.

So wird verständlich, dass das menschliche Herz – natürlich ist nicht das körperliche Organ gemeint – nichts anderes ist als eine unermessliche Kraft. Dies gilt nicht nur für das menschliche Herz; diese Kraft oder Energie (wir nennen sie Energie in Ermangelung eines besser geeigneten Wortes) ist die ursprüngliche oder wahre Natur von allem, was ist. Sie wirkt gemäß ihrer Form – in einer Maus wie eine Maus, in einem hungrigen Geist wie ein hungriger Geist. Im Frühling durchbohren die Krokustriebe den hart gefrorenen Boden – doch wenn man sie berührt, fühlen sie sich so weich an wie feines Haar. Was verleiht ihnen nur die Kraft dazu, den harten Boden zu durchbohren? Wenn ihre Zeit gekommen ist, sprießen sie aus dem Boden; dabei gehorchen sie ihrer eigenen Natur, mit der sie im Einklang stehen. Zu gegebener Zeit entfalten sich die Blütenblätter – so geschieht es eben: Ihre Natur und *die* Natur sind eins. Selbst wenn sie verwelkt sind, bleiben sie sich treu, wobei sie ihrer eigenen als auch *der* Natur gehorchen – denn die beiden sind nicht zwei, sondern eins. Im Menschenreich wird dies kaum verstanden, unzutreffend gedeutet oder falsch angewendet, weil wir nicht Bewohner der menschlichen Sphäre, sondern Wanderer in allen Sechs Bereichen sind. Dies ist das eigentliche Missverständnis, die Täuschung, welche uns dem Anschein nach an das Rad des Lebens fesselt.

Nun aber zurück zu den Krokussen – die Kraft den harten Boden zu durchstoßen ist nicht »ihre« eigene, sondern die gesamte Kraft, Energie oder Macht *der* Natur, mit der sie in Einklang stehen und die auch in ihrer eigenen Natur wirkt. Sie stehen also in Einklang mit *der* Natur, mit dem, was ist, mit den Jahreszeiten und anderen Gegebenheiten. Krokusse sind keine Wüstenblumen. Anders als wir verhalten sie sich nicht blindlings ungesteuert oder parteiisch. Wieder werden wir daran erinnert: »Die Leidenschaften sind die Buddha-Natur und die Buddha-Natur ist dasselbe wie die Leidenschaften.« Das Gefühl eines »Ich«, welches die Energie in die uns anfallenden Leidenschaften fehlleitet, ist die grundlegende Täuschung, die unsere Leiden hervorruft, wobei sie uns auf das Rad des Werdens oder des Wechsels fesselt; so, mit Ich-Vorurteil, sind wir wirklich weniger als menschlich!

Als anzustrebendes Ideal beschreibt das *Tao Te King* (Der Weg und seine Tugend/Macht) diese Harmonie, durch welche die Kraft oder Macht der Natur frei in der jeweiligen Form wirken kann. »Der Mensch gehorcht den Gesetzen der Erde. Die Erde gehorcht den Gesetzen des Himmels. Der Himmel gehorcht den Gesetzen des Tao. Das Tao gehorcht den Gesetzen seiner eigenen Natur.« Bei uns Menschen bedeutet Harmonie mit der Natur gleichzeitig Harmonie mit dem menschlichen Herzen (nicht mit »meinem« Herzen). Dies betont auch Bodhidharma, wenn er sagt: »Direkt auf das menschliche Herz weisend, seine eigene Natur sehen und zum Buddha werden.« Mit diesem Sehen wird man wieder eins mit dieser Natur, steht wieder mit ihr in Einklang und daher auch mit der Kraft oder Macht, welche ihr Wirken ist. Nichts lässt sich über die Natur selbst sagen; sie ist nur in ihrem Wirken wahrnehmbar. Es muss wiederholt betont werden, dass dieses Sehen in die eigene Natur nichts mit »Ich« zu tun hat, das »meine« oder irgendeine andere Natur sieht; dies wäre lediglich intellektuelle Unterhaltung, die weder zu Erlösung noch zu Einsicht führen kann.

Einklang mit der Natur bedeutet Harmonie mit allem, was ist, und das heißt auch Harmonie mit den Dingen, wie sie wirklich sind, und mit dem menschlichen Herzen.

Diese bedeutsame Beziehung liegt in der Einsicht des Buddha und ist der Dharma. Das Herz sehnt sich nach dem Einklang mit dieser Natur, mit dem Dharma und seiner Wirkungsart. Diese Einsicht bewirkt auch eine Wiedervereinigung mit der voll entfalteten Kraft des menschlichen Herzens, welche sie mit der Natur gemeinsam hat. Nur meine einseitige und parteiische Sichtweise, mein Schaffen von »Götzenbildern« wie dem goldenen Ball, sind die Ursache, dass ich hinter Gewinn und Ruhm herjage, so dass ich mich verblendet immer weiter verstricke.

In Bild 2 befindet sich der Hirte jetzt wirklich auf dem Weg. Obwohl wir vom Herzen und der Harmonie wie auch von dem trügerischen goldenen Ball gehört haben mögen, begegnet uns die volle Energie des menschlichen Herzens meistens in ganz anderer Form. Zwangsläufig sind wir auf eine Begegnung mit dieser Energie nicht vorbereitet – zumindest nicht bewusst, denn in Wirklichkeit ist sie uns nicht ganz unbekannt.

Was geht in uns vor, wenn wir stürmisch um eine Ecke biegen, einander anrempeln und du mir dabei versehentlich auf den Fuß trittst? Wer würde dann im Augenblick des Schmerzes einfach nur sagen: »Es tut halt weh«, ohne dabei etwas anderes als den Schmerz zu verspüren, und wem würde dies nichts weiter ausmachen? Vielleicht wäre das nach mehrmaliger Wiederholung des Ereignisses der Fall. Wie ist jedoch ehrlich gesprochen die spontane Reaktion auf diesen plötzlichen Zusammenstoß und den ziehenden Schmerz, die natürliche Reaktion? Selbst wenn es uns gelänge, Hand und Zunge im Zaum zu halten (was zumindest bedeutet, nach außen hin Mensch zu sein und nicht gänzlich zu einem kämpfenden Dämonen zu werden), so braut sich in uns dennoch irgendetwas im Moment des Zusammenpralls und des resultierenden Schmerzes zusammen, oder etwa nicht? Und dieses Aufbrausen ist keineswegs zahm oder harmlos. Hierin liegen nämlich eine Kraft und eine

Wildheit, die bestimmt nicht menschlich sind. Das dürfen wir nicht vergessen. Diese Kraft und Wildheit sind auch etwas Großartiges und äußerst Lebendiges, aber sie sind auch höchst gefährlich.

Der Umgang mit dem ersten Erscheinen des Bullen in Form seiner Spuren bereitet erhebliche Probleme. Wenn er nämlich mit seiner ganzen Kraft aufbegehrt, bin ich nicht mehr da! So kann ich dieses Aufbegehren auch niemals bezeugen. Hierin liegt die Schwierigkeit im zweiten Bild. Der Hirte ist auf der Suche nach einem goldenen Ball und hat keine Ahnung, wie der wilde (schwarze) Herz-Bulle wirklich aussieht. Vielmehr sucht er nach etwas Bedeutsamem, nach Schönheit, Tugend des Buddha, nach Kraft und Einsicht – und nicht nach diesen »schnaubenden« Ausbrüchen, die sich dutzende Male am Tag wiederholen können. Anfangs kann er daher nicht einmal die Spuren finden. Eigentlich will er sie gar nicht sehen, denn: »So bin ich doch wirklich nicht!« »Sicherlich bin ich nicht vollkommen«, äußere ich bescheiden, aber tief in meinem Inneren bin ich überzeugt, Mittelpunkt und Zentrum des Universums zu sein, obwohl die Bescheidenheit mir verbietet, das auszusprechen. »Ich bin doch schließlich kein wildes Tier, oder? Ich bin doch wirklich vernünftig, eigentlich ganz anständig und habe keinen Streit mit dir – aber warum hast du mir auf den Fuß getreten? Die Aufregung wäre mir erspart geblieben, wenn du ein bisschen mehr aufgepasst hättest! Sieh doch, was du mir angetan hast. Du hast mir wehgetan und mich dazu noch aus der Fassung gebracht. Du magst es ja nicht absichtlich getan haben, aber was mir widerfuhr, ist doch eindeutig deine Schuld, nicht meine!«

Nun einmal Hand aufs Herz! Habe ich jemals so einen Gefühlsausbruch erlebt? Ich möchte dies verneinen – vielleicht mit gutem Gewissen, weil ich momentan vergessen habe, dass es derartige Ausbrüche oft genug gibt. Und weil ich sie eigentlich nicht haben und für sie keine Verantwortung übernehmen will, weise ich dir die Schuld zu als »meinem« Sündenbock. Weil sich diese Energie »im Verborgenen aufhält«, ist sie immer wild und »ungezügelt« geblieben.

Eine Zen-Gedicht beschreibt diese Situation zutreffend. Stellen wir uns einen Menschen vor, der ein wenig geübt und vom Buddha-Weg der Erlösung gehört hat, ihn gehen und solche Ausbrüche nicht mehr erleben möchte. Er ist jetzt entschlossen zu meditieren – die viel versprechende Flucht vor all diesen Gefühlsausbrüchen. Aber – und jetzt kommt das Gedicht – »Auf einem Lotusblatt sitzt ein Frosch, Beine gekreuzt, Hände gefaltet, Rücken aufrecht, bewegungslos, in tiefer Meditation. Hinter ihm richtet sich eine riesige Schlange auf. Weiß er es? Weiß er es nicht? Auf dem Lotusblatt sitzt ein Frosch, Beine gekreuzt, Hände gefaltet, Rücken aufrecht, bewegungslos, tief in Meditation – SEI AUF DER HUT!«

Sind wir auf der Hut? Drehen wir uns um und erkennen uns selbst in der Schlange wieder? Haben wir die Kraft und den Mut zu sagen: »Ja, das bin ich auch«, und können wir damit etwas anfangen? Oder lassen wir uns nochmals von der Schlange verschlingen? Seit der Zeit, wo wir das Paradies verloren haben, ist diese Schlange wahrlich immer bei uns geblieben. Der Schlangenmythos ist faszinierend. Wenn die Schlange beiseite gedrängt wird, im Sinn von »weiche von mir, Satan«, oder verleugnet wird – »niemand ist so blind wie der, der nicht sehen will« –, dann bleibt sie »unerkannt« und fährt einfach fort, den Frosch zu verschlingen. Daraus ergeben sich auch die scheinbare Fesselung an das Rad und die Versklavung durch die uns anfallenden Leidenschaften. Aber es gibt auch die Weisheit der Schlange, wobei sie mit ihrem Schwanz im eigenen Maul als Kreis dargestellt wird – einerseits verschlingt sie sich dabei selbst und erneuert sich gleichzeitig immer fort. Welches Symbol könnte überzeugender auf die mögliche Umwandlung der Schlangenkraft in die »transzendente Weisheit« (Prajñā pāramitā) hinweisen?

Der Buddha fand den Weg aus dem Leiden heraus. In der oben erwähnten Analogie beginnt der Weg an der Stelle, wo der Frosch auf der Hut ist und die Schlange sieht, die Schlange den Frosch betrachtet und sie sich auf einmal gegenseitig erkennen. Jetzt entwickeln sich Respekt und Toleranz füreinander. Trotz ihrer familiären Verwandtschaft müssen sich beide noch stark verändern, um schließlich zu einem Ganzen verschmelzen zu können.

Endlich stolpert der Hirte über die gesuchten Spuren – allerdings nicht in den erhabenen Schriften, wo er sie erwartet hatte, hoch über all dem gewöhnlichen Leben, das ihm nur lästig ist. Die Spuren finden sich mitten im gewöhnlichen Alltag, in unseren täglichen Arbeiten, Schwierigkeiten und persönlichen Problemen. Man kann sie einfach nicht übersehen. Habe ich sie einmal entdeckt und als Bullen-Spuren erkannt, gibt es sie überall, wohin ich auch schaue. Dies führt zu einem ersten ernsthaften Aufruhr in der Übung.

»Auf was habe ich mich nur eingelassen? Es geht mir schlechter statt besser. Diese Übung kann mich doch nicht aus dem Leiden herausbringen.« In Wirklichkeit zeigt sich aber, wie wirkungsvoll diese Übung ist, denn es geht mir tatsächlich nicht schlechter. Vielmehr beginne ich zu sehen, was wirklich da ist und immer vorhanden war. Ganz allmählich verschwinden die Schutzwälle, hinter denen ich mich ständig verstecke. Jetzt entsteht zum ersten Mal ein Bewusstsein dafür, welch gewaltige Aufgabe vor mir liegt. Für diese Aufgabe wird viel Kraft gebraucht. Es ist auch notwendig, die erwähnten Spuren sorgfältig zu untersuchen. In erster Linie hüte man sich vor etwas Ähnlichem wie den goldenen Bällen, denn diese sind äußerst gefährlich und trügerisch. Es ist wesentlich besser, nach den ganz gewöhnlichen Spuren zu suchen, wann man beispielsweise die Fassung verliert; ferner nach den Spuren von Gier, Ablehnung und Groll; von leidenschaftlichen, starrköpfigen und rechthaberischen Temperamentsausbrüchen, so unbedeutend oder »gerechtfertigt« sie auch erscheinen mögen. Für den Anfang sind die gewöhnlichen Spuren von »ich will nicht«, »ich mag nicht«, »ich weigere mich«, »ich muss haben« ausreichend, besser jedenfalls, als sich von einem goldenen Ball täuschen zu lassen. Die gerade erwähnten Spuren enthalten ein noch erträgliches Energiepotenzial, so dass wir nicht so vehement fortgetragen werden können. Es ist eine Ganztagsbeschäftigung, für die Auswirkung solcher Spuren offen zu bleiben. Bei der »Suche nach den Spuren« muss man aufrichtig sein; das bedeutet, sie nicht zu verleugnen oder anderen dafür Vorwürfe zu machen und besser erscheinen zu wollen, als man wirklich ist. Denn die Bullen-Spuren sind keine Spuren eines Feindes, den man beseitigen müsste. Sie enthalten vielmehr kostbare Energie von hinreichender Stärke, um »Ich« zu zermahlen oder zu verbrennen. Die Annäherung an diese mächtige Energie, die viel stärker ist als ich, hat in religiöser Haltung zu erfolgen, respektvoll mit gefalteten Händen. »Die Feuer lodern noch, ich bin noch da, bitte brenne mich nieder.« Im religiösen Leben bedeutet das wahre Läuterung und zeigt uns, wie wichtig es ist, sich zu verbeugen. Nur die kostbare Energie, die in den Feuern aufflammt, verfügt über die Kraft, »Ich« zu wandeln, und sie selbst verändert sich dabei auch. So folgt diesen Spuren dankbar, aber vorsichtig und behutsam – das ist der Zweck der Übung.

Als wir uns auf die Suche nach dem Bullen begaben, hatten wir bestimmte »Vorstellungen« von ihm, das heißt, wir haben uns Bilder von ihm gemacht, die aber nur hinderlich dabei waren, ihn zu erkennen. Man könnte auch sagen, dass der Bulle sich hinter diesen Bildern verbarg oder dass er hinter ihnen versteckt wurde – beides trifft zu.

Bei einer unvorhergesehenen Begegnung fällt es uns sehr schwer, den Herz-Bullen zu erkennen, obwohl er niemals abwesend war. Sogar auf der beabsichtigten Suche nach ihm neigen wir dazu, nur in eine Richtung zu schauen, und so verfehlen wir ihn meistens. Wenn er dann wirklich vor uns steht, wollen wir ihn einfach nicht anschauen, weil wir durch die Schleier unserer Täuschung gleichsam blind geworden sind.

So ist das Auffinden der Spuren nicht leicht. Außerdem erfordert es Mut, sie wirklich zu erkennen, sie als Bullen-Spuren zu bezeugen, sie zu prüfen und zu sagen: »Ja, das stammt wirklich vom Herz-Bullen, das bin ich.« Damit nehmen wir gleichzeitig Abstand von unseren üblichen Sündenbock-Ausflüchten, wobei wir irgendetwas tadeln oder irgendjemandem die Schuld zuschieben wollen – dir, den Umständen oder den »Institutionen« oder wem auch immer, auf jeden Fall etwas anderem als meinen so geschätzten Ansichten.

Ich war schon fünf Jahre in Japan, als ich den Brief eines Freundes aus der Heimat erhielt, der gerade eine schwierige Zeit durchmachte. Er schrieb mir folgendermaßen: »Du in deinem klösterlichen Frieden! Hast du überhaupt eine Ahnung von den Problemen, die uns im weltlichen Leben zu schaffen machen?« Er wusste, dass ich als Frau für das Training und die Arbeit tagsüber in das Kloster ging, aber nachts dort nicht schlief. So schrieb ich ihm in meiner Antwort, dass das Kloster an sich nicht unbedingt ein Ort des Friedens sei und dass das Leben in der Welt nicht zwangsläufig schwierig sein müsse. Das Leben innen und außen unterscheidet sich kaum. Ob ich nun ärgerlich oder wütend darüber bin, weil der leitende Mönch mich möglicherweise sogar für etwas tadelt, wofür ich keinerlei Schuld trage, oder ob ich über irgendetwas im Büro oder der Schule aufgebracht bin – die Aufregung ist doch wirklich die gleiche. Wenn die Mönche mir die unangenehmsten Plätze zum Unkrautjäten oder Blätterfegen zuweisen, besonders wenn sie im Winter fast verschneit sind, oder wenn meine Arbeitskollegen im Büro mir einen übermäßigen Anteil der Arbeit zuweisen, dann liegt die Ursache des Aufbegehrens in mir selbst. Was diese Empörung letztlich hervorruft, ist gänzlich irrelevant. Solange dieses Sträuben in mir fortbesteht, kann es durch jede beliebige Situation ausgelöst werden, und wenn kein »legitimes« Ventil zur Entlastung da ist, wird es selbst dafür sorgen, wobei es sich an irgendetwas festmacht. So ist nicht das Klosterleben ausschlaggebend, sondern die Auseinandersetzung mit diesem Zähneknirschen.

Ein Kloster ist weder eine Insel des Friedens noch ein Ort des Entkommens. Wenn wir ein weltliches Leben führen, haben wir einen Beruf, ein Heim, vielleicht auch eine Familie. Es besteht immer die Möglichkeit davonzulaufen. Wenn mich irgendetwas bei der Arbeit irritiert, kann ich es im Büro zurücklassen und nach Hause gehen. Ich mag zwar noch etwas davon mit mir herumtragen, aber was mich am meisten ärgerte, konnte ich doch loswerden. Wenn ich daheim Schwierigkeiten habe, kann ich mich an die Arbeitsstelle zurückziehen. Im Kloster jedoch gibt es keine Möglichkeit zu entkommen. Man befindet sich permanent in der Umgebung, die einen reizt und ärgert. Es könnte vorkommen, dass zu Hause oder auf der Arbeitsstelle eine Person fast teuflische Züge annehmen oder als Verfolger erscheinen könnte. In diesem Fall hätten wir die Möglichkeit uns zu entfernen. In einem Kloster ist dies jedoch nicht möglich, und so kommt es zu sehr aufreibenden Situationen, welche die Auswüchse (von »Ich«) geradezu kleinmahlen. Es dauert eine lange Zeit, bis sich klösterlicher Friede einstellt; man rechnet minimal mit sieben bis neun Jahren. Bis dahin heißt es Durchhalten. Dieses Ertragen und Durchhalten ist sehr stark prägend.

Wenn wir beginnen in den Spuren unser eigenes Sträuben und Nörgeln zu entdecken, lernen wir uns erst richtig kennen und werden mit unseren gewohnten Reaktionsweisen vertraut. Wir leiden unter einer großen Selbsttäuschung; obwohl wir ernsthaft glauben uns zu kennen, tun wir es in Wirklichkeit nicht.

Aus eigener Erfahrung kann ich berichten, früher einmal geglaubt zu haben, ohne Musik nicht leben zu können. Sogar in Japan besorgte ich mir umgehend ein kleines Radio, da mir ein Tag ohne Musik irgendwie unvollständig erschien. Es fiel mir aber schon bald etwas auf. Gelegentlich erhielt ich von Bekannten Einladungen zu Konzertbesuchen, die ich mit leuchtenden Augen und der Äußerung »o ja, wie gerne« annahm. Wenn aber der Zeitpunkt des Konzertes näher rückte, und es besonders im Winter darum ging, mit einer langsamen Straßenbahn zu einem ungeheizten Konzertsaal zu fahren, spät abends durchgefroren nach Hause zu kommen und morgens wieder früh aufzustehen, um ins Kloster zu gehen – dann suchte ich nach Ausreden, um abzusagen. Als dies zum dritten Mal geschehen war, fragte ich mich, ob es fair sei zuzusagen, um dann im letzten Moment wieder einen Rückzieher zu machen. Hierdurch war mir klar geworden, dass ich zwar Musik liebte, aber doch nicht so, wie ich gedacht hatte, und dass andere Dinge wichtiger erschienen. Weiterhin fand ich heraus, wie gerne ich Spaziergänge machte. Ich schaffte es, unabhängig von der Jahreszeit, gleichgültig ob bei Schnee, Regen oder Sonnenschein, einen Spaziergang zu machen, manchmal sogar eine Wanderung. Irgendwie fand ich dazu immer Zeit, oder die Zeit stellte sich auf wunderbare Weise hierfür ein. So lernte ich meine wirklichen Vorlieben durch das kennen, was ich in die Tat umsetzte und nicht durch das, was ich gern zu haben glaubte. Noch heute betrachte ich es als eine meiner größten Entdeckungen, dass mir der Unterschied zwischen dem klar wurde, was ich wirklich tat und dem, was ich für meine Vorlieben hielt.

Auf ähnliche Art und Weise können wir die Spuren des Bullen finden. Da es ungewöhnlich schwierig ist, den Mittleren Weg einzuhalten, könnte man jetzt in ein anderes Extrem verfallen und – vom Glanz der neu gewonnenen Einsicht geblendet – hartnäckig an dieser festhalten. Nachdem ich herausfand, wie wichtig mir mein Spaziergang war, hätte ich davon überzeugt sein können, dass ich ohne diesen Spaziergang das lange abendliche Sitzen nicht würde durchhalten können. So kommen wir auf den Mittleren Weg zurück, wo die beiden Extreme von »Habenmüssen« und »Nicht-Verzichten-Können« (die beide den gemeinsamen Nenner Ich haben) durch das »Weitergehen« eine Wandlung erfahren. Hierfür ist langes und geduldiges Training erforderlich.

Auf diese Weise finden wir die Spuren des Bullen und entdecken den Beginn des Mittleren Weges – den Weg des Buddha. In diesem Zusammenhang sollten wir nicht vergessen, dass die erste Lehre, welche der Buddha seinen ersten Jüngern mitteilte, nämlich den fünf Mönchen, die nach langer Übungszeit vorbereitet und daher geeignet waren sie aufzunehmen, die Lehre des Mittleren Weges war. Erst danach wurden die Vier Edlen Wahrheiten verkündet.

»Der große Weg ist gar nicht schwer, nur abhold wählerischer Wahl.« Wählerische Wahl und damit auch Vorlieben sind aber in jedem Lebewesen natürlicherweise vorhanden. Schon die Art und Weise, wie wir uns bewegen oder gehen, zeigt individuelle Unterschiede; Freunde können einander von weitem an ihrem Gangbild erkennen. Ist das schon wählerische Wahl? Muss ich mir jetzt eine »universelle« Gangart antrainieren? Ist der »universelle« Schritt so uniform, dass es keine Unterscheidungen mehr gibt? Das ist immer noch wählerische Wahl, nicht wahr? Alles »Ich«, der Handelnde.

Es gibt noch eine andere Art der Vorliebe, die von der natürlich vorhandenen sehr verschieden ist. Der Unterschied liegt im Energiegehalt, der mich mit großer Intensität davon überzeugt, dass »ich es haben muss« oder »nicht darauf verzichten kann«, worum es auch immer gehen mag. Wie können wir uns im täglichen Leben dieser Art von Vorliebe bewusst werden? Ich persönlich trinke morgens gewöhnlich Kaffee, nachmittags bevorzuge ich jedoch Tee. Wenn mir nun eine Freundin, die meine Gewohnheiten kennt, schon morgens eine Tasse Tee bringt, werde ich auf die Probe gestellt. Sage ich »danke« für den Tee und trinke ihn, oder fühle ich mich beleidigt oder verärgert und reagiere entsprechend? »Sie weiß doch genau, dass ich Kaffee vorziehe!« Klagen, Irritation und Ärger anstelle von Dankbarkeit für die Tasse Tee. In dieser Situation lässt mein Wählen die Energie als die früher erwähnten Feuer (Habgier, Zorn, Verblendung) auflodern, durchdringt die natürlich vorhandene Vorliebe und »heizt« sie gewissermaßen auf.

Gegen die natürlichen Vorlieben gibt es nichts einzuwenden; solange es einen Körper gibt, werden auch immer Vorlieben vorhanden sein. Und wenn »mein« Verlangen (oder Wunsch) jetzt nicht erfüllt werden kann, dann ist es auch nicht schlimm. Wenn die Vorlieben jedoch bis zu einem »ich muss haben« oder »ich kann nicht mehr weitermachen« aufgebläht werden, dann sind wir metaphorisch gesprochen im Bullen-Land angekommen und können seine Spuren klar erkennen. Einmal mit ihnen vertraut, lernen wir sie auch zu deuten; wie er stampfte und herumtobte, aber zu schnell war, um gesehen zu werden. Schon ist er wieder weg – er hinterließ lediglich seine Spuren.

Durch zunehmende Vertrautheit und engeren Kontakt mit der »aufgeheizten« Sphäre des Bullen erwarten uns bedeutsame Entdeckungen. Immer wenn wir verlockenden Ideen begegnen, die »mir« äußerst logisch erscheinen und allgemein gültigen Grundvoraussetzungen entsprechen, dann müssen wir uns in Acht nehmen. Diese stammen höchstwahrscheinlich von mir allein und werden keineswegs von anderen geteilt. Obwohl ich der Ansicht bin, dass Kaffee vormittags das beste Getränk ist, bedeutet dies keinesfalls, dass du auch diese Vorliebe teilst – und noch weniger teilen musst. Das Erkennen dieser Auswirkungen bedeutet, die Spuren entdeckt zu haben.

III – Der Bulle wird gefunden

Der Hirte erschrickt, als er die Stimme hört, und in diesem Moment hat er Einblick in den Ursprung gewonnen. In stillem Einklang mit dem Ursprung kommen die sechs Sinne zur Ruhe. Nachdem der Bulle enthüllt und in seiner Ganzheit erschienen ist, durchdringt er jegliches Tun des Hirten und ist unzertrennlich vorhanden wie Salz im Meerwasser oder Leim in der Farbe. Wenn der Hirte seine Augen weit öffnet und umherschaut, erblickt er nur sich selbst.

Gedichte

1

Hoch oben im Wipfel des Baumes
erklingt plötzlich das Lied einer Grasmücke.
Die Sonne scheint warm, der Wind weht sacht,
die Weiden am Ufer leuchten im frischen Grün.
Kein Versteck kann den Bullen verbergen.
Das herrliche Haupt mit den aufragenden Hörnern
lässt sich durch keines Malers Kunst einfangen!

2

Der Maler Tai-sung sah den Bullen und hörte sein Brüllen.
Er übertraf sich selbst und malte den Herz-Bullen
mit all seiner Kunst vom Kopf bis zum Schwanz.
Bei sorgfältiger Prüfung jedoch
scheint das Bild noch unvollkommen.

3

Mit dem Antlitz stieß er direkt an des Bullen Nase,
nun muss er nicht länger dem Brüllen folgen.
Der Bulle ist weder weiß noch blau.
Ganz ruhig nickt der Hirte und lächelt sich selber zu.
Eine solche Landschaft kann kein Bild wiedergeben.

Bild 3
Der Bulle wird gefunden

Wie kann es nun mit unserer Übung weitergehen? Der nächste Schritt besteht darin, die Spuren zu erkennen und ihnen auf unserer Suche nach dem schwer fassbaren Herz-Bullen zu folgen.

In der konkreten Situation bringt mir meine Freundin gerade eine Tasse Tee, wobei ich innerlich aufbegehre. Wenn man beim Training wirklich achtsam vorgeht, dann weiß man augenblicklich, was hier geschieht: Der Bulle schnaubt! Bisher hatte ich ihn stets verleugnet; zum ersten Mal »sehe« ich ihn wirklich. Folglich kann ich meine Freundin nicht länger tadeln und begreife, dass es um mich selbst geht. Endlich bin ich nach langem Training mit dem Herz-Bullen in Berührung gekommen. Es ist ein erregender Augenblick, wenn sich diese Erkenntnis blitzartig einstellt. Dann will ich nach dem Bullen greifen und ihn festhalten, um genau zu erkennen, wie er nun wirklich aussieht. Und was geschieht dann? Ich sehe nur, dass er schon entschwunden ist. Nur flüchtig erhasche ich einen Blick auf sein Hinterteil mit dem schlagenden Schwanz.

Alle Bilder zeigen eine ungewöhnlich genaue Darstellungsweise. In dem Moment, wo ich den Bullen festhalten, betrachten und genauer untersuchen will – ist er nicht mehr da. Das ist doch mehr als frustrierend. Und es zeigt auch, wie sehr ich gespalten bin. Meine bisherige Betrachtungsweise bestand darin, etwas anzuschauen, um es zu erkennen oder zu erlernen. Dabei findet jedoch kein echtes Zusammenkommen mit dem Erblickten statt. So kann ich meine Handlinien betrachten und sie klar beschreiben, weil eine Distanz zwischen uns besteht. Wir sind voneinander getrennt, meine Hand und ich. Wenn ich aber mit meiner Hand auf meine Wange schlage, könnte ich dann im Moment des Aufpralls – wenn Hand und Wange eins sind – etwas über meine Handlinien aussagen? Der Aufprall findet zweifellos statt. Hier liegt der Unterschied zwischen Wissen durch Beobachtung, »im Kopf«, und Wissen durch Vertrautheit, »im Körper«, wofür keine Beobachtung erforderlich ist. Es ist genau wie bei dem Aufprall, er geschieht eben einfach, oder besser gesagt, er IST. Solch ein Bewusstsein entsteht von selbst, direkt und unmittelbar. Zen-Buddhismus, ja der gesamte Buddhismus, nimmt hierauf Bezug.

Das Unmittelbare, womit eine solche Information eintrifft, lässt sich leicht demonstrieren. Kneift euch selbst einmal in den Arm; entsteht das Bewusstsein des Kneifens von selbst, zwingt es sich ohne notwendige Beobachtung ins Bewusstsein hinein? Es ist eben durch direkte Wahrnehmung des Kneifens ohne beschreibenden Kommentar entstanden. Es ist ähnlich, wie wenn man ein Glas Wasser trinkt, man weiß »sofort«, wie kalt es ist.

Nachdem wir die Spuren gefunden haben, verstehen wir, dass alle Dinge aus demselben Teig stammen, so unterschiedlich sie auch geformt sein mögen. Alle Dinge sind Buddha-Dinge. Wir sitzen alle im gleichen Boot und zeigen dieselben Reaktionen, wenn sie auch durch unterschiedliche Reize ausgelöst werden. Diese hängen von den Vorlieben des Körpers ab, aber auch von der inneren Struktur, die uns teils angeboren ist, teils später erworben wird. Doch die Buddha-Natur ist in uns allen vorhanden. Auch unsere Reaktionsmechanismen sind dieselben. Wir haben alle unseren Anteil am Herz-Bullen.

Im zweiten Stadium können wir zwischen Echtem und Unechtem noch nicht unterscheiden, schon gar nicht zwischen wahr und unwahr. Bis jetzt gab es lediglich die Spuren. Diese sind zwar ganz deutlich, aber auch trügerisch, da sie nicht der Bulle selbst sind. Das Unterscheiden zwischen Richtigem und Falschem ist ohne ein Beurteilen noch nicht möglich. »Direkte Wahrnehmung« hat noch nicht stattgefunden; es wurden lediglich die Spuren gefunden.

Beim Verfolgen der Spuren und der Annäherung hört der Hirte plötzlich das Brüllen des Bullen und gerät vor Schreck außer sich; mit einem Schlag wurde er in den Ursprung versetzt –und bekommt den Bullen zu Gesicht. Dies bedeutet, dass er ausreichend trainiert hat, um nicht mehr getäuscht zu werden und auch genügend innere Kraft gesammelt hat, um »bei sich« zu bleiben. Er kann jetzt die Wucht ertragen und bezeugen – oder den Ausbruch der lodernden Feuer –, ohne auf der Welle dieser Energie fortgeschwemmt zu werden.

Jetzt können wir nochmals auf das Beispiel mit der Freundin zurückkommen, die mir die Tasse Tee reicht. Wenn ich davon überzeugt bin, dass die Freundin die Schuld hat, weiche ich aus – jetzt ist das nicht mehr möglich. Denn beim Überreichen der Tasse Tee kam es tatsächlich zu einer hitzigen Aufwallung. Wir müssen gerade mit dieser hitzigen Reaktion in der aktuellen Situation arbeiten, wobei wir uns dabei darüber klar sein sollten, dass es schließlich mein eigenes Herz ist, das wild und hastig hin und her »rollt«, wie der goldene Ball, von dem wir vorher gesprochen haben. Und wir müssen zurückhaltend sein, nicht hinter ihm herlaufen, so dass wir nicht auf Abwege kommen. Für einen Augenblick wurde tatsächlich der Bulle in seiner Ganzheit wahrgenommen, sogar seine Stimme war zu hören. Dieses Bewusstsein nach dem»Zusammenstoß« hat uns mit dem Bullen wirklich vertraut gemacht; er kann sich jetzt nicht länger verbergen. Auf diese Weise stellen wir auch fest, dass der Bulle wie das Salz im Meerwasser ganz natürlich vorhanden ist.

Von Meister Hakuin stammt eine sehr hilfreiche Analogie über das Meerwasser. Wenn jemand wissen will, wie es schmeckt, muss er sich nicht lange den Kopf zerbrechen, sondern nur durch die Eingangstür sein Haus verlassen und geradlinig vorwärts gehen (Japan ist ein Inselreich). Früher oder später wird er an die Küste gelangen. Dort bückt er sich einfach, steckt die Hand ins Meer und leckt daran; in dem Augenblick kennt er den Geschmack aller sieben Weltmeere.

Die Leidenschaften sind die Buddha-Natur und die Buddha-Natur ist dasselbe wie die Leidenschaften. Bei einer derart nüchternen und zugleich erstaunlichen Aussage ist Vorsicht am Platz. Ich tue besser daran, mich zurückzuhalten und eine Weile nachzudenken, anstatt sofort alle Register zu ziehen und überall meine Buddha-Natur zur Schau zu stellen. Kann es wirklich dieselbe enorme Kraft oder Energie sein, die, obgleich sie »blind« ist, in den Leidenschaften wirksam ist? Und dass dieselbe Energie – durch Transformation menschlich und spirituell gemacht – die Buddha-Natur ist? In der Gegenwart von »Ich« mit »meiner« wählerischen Wahl lodert diese Energie als Bulle auf. Aber in Abwesenheit von »Ich« – Nicht-Ich, wie es der Buddha ausdrückte –, wird sie wieder zu dem, was sie immer war, Buddha-Natur. Sich dieser Energie im Augenblick ihres Ausbruchs bewusst zu sein, bedeutet den Bullen gefangen zu haben.

IV – Der Bulle wird gefangen

Heute begegnete er zum ersten Mal dem Bullen, der sich so lange in der Wildnis verborgen hielt. Die dem Bullen so angenehm vertraute Wildnis übt noch eine starke Anziehungskraft auf ihn aus. Er sehnt sich nach dem süß duftenden Gras und ist daher schwer festzuhalten. Noch tobt er eigenwillig und starrsinnig umher und wird von seiner wilden Tier-Natur beherrscht. Wenn der Hirte den Bullen wirklich besänftigen will, muss er zur Peitsche greifen.

Gedichte

1

Mit großer Mühe gelang es dem Hirten,
den Bullen einzufangen.
Halsstarrig bäumt er sich mächtig auf,
nicht leicht ist dieser Bulle sanft zu machen!
So bricht er manchmal aus und steigt auf hohe Gefilde,
Oder er stürmt ins tiefe Marschland und verbirgt sich
dort im Dunst und Nebel.

2

Halte die Zügel straff und gib nicht nach.
Viele unbemerkte Fehler sind noch nicht ausgemerzt.
Wie sanft der Hirte auch am Nasenseil ziehen mag,
Noch will der Bulle wieder in die Wildnis stürmen.

3

Wo das süß duftende Gras bis in den Himmel reicht,
hat der Hirte den Bullen eingefangen.
Noch darf er die Hand
nicht vom Zügel am Nasenring fallen lassen.
Der Heimweg zeigt sich bereits klar.
Aber er muss immer wieder anhalten
am blauen Fluss und auf grünem Berg.

Bild 4
Der Bulle wird gefangen

Wie fängt man nun den Bullen ein? Bisher gelang es ihm immer, zu entkommen – er bäumte sich einfach auf und rannte davon, und nur sein Hinterteil blieb noch zu sehen. Seine Kraft ist wirklich so groß, dass er mich glatt niedermachen kann – und daher bin ich stets der Ansicht, dass er einfach zu schnell ist; denn wenn es mir gerade einfällt, ihn eigentlich fangen zu müssen, hat er sich schon längst aus dem Staub gemacht. Der Grund dafür ist, dass ich den Herz-Bullen noch nicht richtig kenne. Bisher gelang es mir lediglich, sein Hinterteil mit dem wedelnden Schwanz zu erblicken. Erst wenn wir wirklich mit den eigenen Handlungen und Reaktionen vertraut geworden sind, die oft anders sind, als wir bisher glaubten, lernen wir »bei uns zu bleiben«, wenn der Bulle seinen Aufstand macht. Dann versuchen wir nicht mehr, uns an irgendetwas festzuhalten, schauen nicht mehr umher und überlegen lange, sondern öffnen uns und sagen »Ja«. Hierzu hat uns die Übung im Alltag befähigt.

Damit haben wir dann den Bullen gefangen. Natürlich will er sich nach alter Gewohnheit aus dem Staub machen. Wenn er früher einmal wild schnaubte, wandte ich mich von ihm ab und behauptete vor Angst zitternd, er sei überhaupt nicht vorhanden. Schließlich konnte ich ihn ja nicht sehen, da er schon längst verschwunden war. Oder es ist noch wahrscheinlicher, dass er mich bei seinem plötzlichen Erscheinen schnaubend auf seinen Rücken gepackt und wohin auch immer fortgetragen hat: mal in die saftig grünen Täler sinnlicher Freuden, dann auf die Hochebenen intellektueller Gymnastik und sogar auf die Gipfel ausgefallener Vorlieben. Nur wenn er im Moment seines Auftauchens erkannt und angenommen wird, kann der Bulle mich nicht mehr auf seinem Rücken forttragen und ist damit selbst gefangen. Die hinlänglich bekannte Gefahr, von den Leidenschaften überwältigt und mitgerissen zu werden, spiegelt sich in einem chinesischen Sprichwort wider: »Wer sich rittlings auf den Tiger setzt, sollte nicht absteigen.« Ob Tiger oder Bulle, wenn einer von beiden mich einmal auf seinen Rücken gepackt hat, bleibt nicht mehr viel zu tun übrig, außer sich festzuhalten und zu hoffen, dass keiner von uns beiden größeren Schaden erleidet.

In diesem Zusammenhang ist der Reitsport ein gutes Beispiel. Wenn wir einmal ein verängstigtes Pferd in Panik durchgehen lassen, gibt es kein Halten mehr. Wie weich sein Maul auch sein mag, in diesem Zustand kann das Pferd auf die Zügelhilfen einfach nicht mehr reagieren. Der Reiter kann sich nur noch festhalten und das Beste hoffen, bis das Pferd vom Rennen ermüdet wieder zur Besinnung kommt, nachdem der ganze Aufruhr zu einem Ende kam.

Kommt uns das bekannt vor? Das einzige Mittel gegen das Durchbrennen eines Pferdes oder Bullen besteht darin, mit derselben Geschwindigkeit zum Ausgangspunkt zurückzukehren. Wo wir auch immer herumgestreift sind und wieder zu uns selbst »gefunden« haben, sollten wir uns daran erinnern, umgehend das weiterzuführen, womit wir gerade beschäftigt waren. Wenn wir einmal fortgetragen wurden, lässt sich nicht mehr viel machen. Wir sind dann nicht in der Lage, irgendetwas aufzunehmen, da unser Sehen und die übrige Wahrnehmung gänzlich von den »Feuern« beeinträchtigt sind. Wir sehen dann alles mit den Augen des Bullen. In dieser Situation sind wir der Bulle!

Jetzt ist Vorsicht geboten. Denn wenn wir von den Feuern entflammt und fortgetragen werden, können wir noch schöpferisch tätig sein, da der Bulle sich sowohl ober- als auch unterhalb des menschlichen Bereiches befindet. Tatsächlich sind die größten und abscheulichsten Grausamkeiten in dem Zustand begangen worden, wenn wir vom Bullen fortgetragen wurden. Deshalb ist es so überaus wichtig zu wissen, wer der Bulle eigentlich ist; und auch zu erkennen, dass wir nicht mehr menschlich sind, wenn wir einmal von ihm besessen, entflammt oder mitgerissen wurden. Wir sind gleichsam in einen elementaren Zustand der Natur von Schöpfung und Zerstörung zurückversetzt, nicht jenseits von gut und böse, sondern noch unterhalb davon; in diesem Zustand sind wir nicht einmal menschlich. Dies ist sehr gefährlich und Grund genug, den Bullen genauer kennen zu lernen, ihn einzufangen und bereit zu sein mit ihm zu arbeiten, ihn wirklich behutsam zu wandeln. Die Natur unseres eigenen Herzens ist der Bulle, und es kann für uns selbst und andere sehr gefährlich sein, wenn er wild herumstreunt. Er verlangt geradezu danach, sanft gewandelt zu werden. Bulle und Hirte sind aufeinander angewiesen und müssen wieder zu einem Ganzen zusammenkommen.

Wie sieht die Wildnis aus, durch die der Bulle streift? »Ach, ich wünschte, dass die Dinge anders lägen. Dann wäre die Welt doch besser.« »Heute kann ich einfach nicht mehr weitermachen – es ist zu mühsam. Ich brauche nur eine kleine Pause. Jetzt geht es einfach nicht mehr!« Oder ich streite mit irgendjemanden herum und schimpfe ihn aus, »zu seinem Besten« natürlich. Die Wildnis ist wirklich grenzenlos. Wenn wir immer nur nach außen blicken, auf die Umstände, die aktuelle Situation, und niemals in uns selbst hineinschauen, dann ist es sehr schwierig, den Bullen zu erkennen und ihn zu bejahen. Wir »wollen« ihn wohl sehen, allerdings nur als Bild. So winden wir uns heraus und ersinnen Hunderte von Ausflüchten, um den Bullen nicht so zu sehen, wie er nun einmal ist. Daher ist solch enormer Aufwand nötig – denn keiner ist so blind wie derjenige, der nicht sehen will. Außerdem ist der Bulle das Letzte, mit dem ich arbeiten möchte. Lieber nähme ich die Welt auf meine Schultern und verbesserte sie in dem Sinn, wie ich sie gerne hätte, anstatt das zu ändern, was ich vielleicht ändern könnte – nämlich mich selbst.

So sind das Training und die Arbeit der sanften Wandlung wirklich keine leichte Aufgabe. Und zu allem Übel ist der Bulle nicht nur wild, sondern auch sehr listig. Manchmal schnaubt er wild und grob auf; aber wenn wir unter normalen Umständen einmal nicht zu stark angespannt sind, sind wir mehr oder weniger dazu fähig, uns wie Menschen zu verhalten. Ich versuche dann, mich halbwegs vernünftig zu benehmen, so sehr ich mich auch über etwas ärgern mag. Nach Aufnahme des buddhistischen Trainings gelingt es mir, »danke« zu sagen, obwohl ich innerlich »verflucht« denke, wenn mir meine Freundin morgens eine Tasse Tee reicht. Für den Anfang ist das schon gut: Zumindest habe ich »danke« gesagt. Gute Umgangsformen müssen als Erstes erlernt werden. Wir gehen schrittweise voran. Aber der Bulle flüstert dann: »Vielleicht hätte ich das nicht sagen sollen; warum habe ich einfach nicht aufrichtig ›Verflucht nochmal!‹ gesagt, wie ich es wirklich empfunden habe?« Unsinn! Befinden wir uns auf dem Buddha-Weg oder inmitten von kämpfenden Dämonen? Sogar Tiere haben ihre festgelegten »Verhaltensregeln«.

Der Bulle ist sowohl raffiniert als auch hinterlistig. Wenn es einmal gelungen ist, ihm die unübersehbaren, groben und ungehobelten Ausbrüche abzugewöhnen, ändert er seine Taktik. »Ich habe wirklich mein Bestes gegeben, nun muss ich mich hinlegen und ausruhen.« Da ja unser Herz-Bulle das Wort an uns richtet, müssen wir einfach Mitleid haben mit dem armen erschöpften Bullen und sind daher bereit, ihm eine Verschnaufpause zu gönnen. Wenn wir jedoch das arme Tierchen sorgfältig betrachten, stellen wir fest, dass er mit einem Auge wachsam blickt und auf seine Chance wartet. Fürwahr, er ist eine listige Kreatur, und so ist auch Hinterlist in uns. Wir müssen wirklich mit uns selbst vertraut werden und uns nicht zu ernst nehmen. Dazu gehört auch der Humor eines spielerischen Wetteiferns, wobei keiner von uns beiden wirklich gewinnt, aber zugleich auch keiner verliert.

Als Kinder führten wir zum Spaß Ringkämpfe miteinander aus, und obwohl jeder zu gewinnen versuchte, war das Siegen letztlich unwichtig. Wichtig war aber, dass wir durch dieses Spielen miteinander vertraut wurden und unsere Stärken und Handlungsweisen kennen lernten. Hierum geht es letztlich bei der Arbeit mit dem Bullen, wenn er einmal eingefangen ist.

Nachdem dies nun endlich geschafft ist, beginnt die Arbeit mit ihm, die sanfte Wandlung. Der Bulle ist an seine Wildnis gewöhnt, in der er so lange herumstreifen durfte. Wir glaubten uns selbst zu kennen und hatten keine Ahnung, dass so etwas wie ein Bulle überhaupt existierte. Nach dem ersten Schock beim Vernehmen seines Brüllens und der Begegnung mit ihm –

er sieht doch so schwarz aus – kann er uns nicht länger entkommen; und wenn wir dann bei seinem Gebrüll weniger ängstlich sind, wenden wir uns nicht mehr von ihm ab. So sind wir uns schließlich begegnet, zusammengekommen oder aufeinander gestoßen, und in diesem Augenblick verstehen wir uns als Einheit.

Wiederum ist dies im Bild ganz deutlich zu erkennen: der Strick hält oder bindet die beiden aneinander, so sehr sie auch in unterschiedlicher Richtung daran ziehen und damit ihren eigenen Willen durchsetzen wollen. Da sie sich nun kennen, kommen sie nicht mehr voneinander los. Zwar mag es dem noch wilden Bullen nach alter Gewohnheit gelingen, wie zur Zeit des Lebens in der Wildnis fortzustürmen und den Hirten mit sich zu ziehen. Wenn er aber müde geworden ist, kann der Hirte ihn zurückzerren.

Diese Arbeit mit dem Bullen führt im Lauf der Zeit zu seiner sanften Wandlung. Noch ist er nicht frei geworden von seinem Verlangen nach dem süßen Gras. Schauen wir nochmals auf das Bild: Der Bulle ist doch prächtig, darüber besteht kein Zweifel. Wie beeindruckend sind seine aufstrebenden Hörner, seine geballte Kraft, an welcher es mir fehlt – sein Durchhaltevermögen und seine Ausdauer –, diese zeichnen den Bullen aus.

Schon lockt der Heimweg. Wenn der Bulle wirklich gewandelt ist, gibt es keine Einsamkeit mehr. Auch die gähnende Leere in meinem Innern ist nun verschwunden, und ich habe nicht länger das Gefühl, dass in meinem Leben etwas fehlt. Eben an dieser Stelle ging der Bulle verloren. Nach unserer Wiedervereinigung gibt es keine schmerzliche Leere mehr, die mich zuvor rastlos auf der Suche nach Erfüllung angetrieben hat.

Deshalb müssen wir mit dem Bullen zusammenkommen, obwohl er noch von hartnäckigem Eigensinn und wilder Tiernatur beherrscht wird. Wir müssen jedoch auf der Hut sein und sorgfältig üben. Wer von uns würde schon zugeben, dass er starrköpfig ist und von wilder Tiernatur beherrscht wird? Vor solchen Erkenntnissen schrecke ich zurück und versuche sie ganz zu vertuschen. Immer wieder will ich mich selbst überzeugen, dass all das nicht auf mich zutrifft; schließlich bin ich ja ein menschliches Wesen mit vernünftigem Benehmen – solange alles glatt läuft. Was aber geschieht, wenn etwas meinem Willen absolut zuwiderläuft oder wenn meine eingefahrenen Ansichten infrage gestellt werden? Hand aufs Herz, was geschieht dann? Nehme ich es übel? Sage ich sanftmütig: »Ja, wenn du es so meinst«? Oder haben wir es hier mit einem Fall von wütendem Eigensinn und aufbrausender wilder Tiernatur zu tun? Es ist doch so schwierig, hier ganz aufrichtig zu sein, weil wir doch immer Recht behalten wollen, nicht wahr? So ist sehr viel Training nötig, nicht nur mit dem Bullen, sondern auch mit unserer Bereitschaft, ihm Hausrecht zu gewähren, ja zu sagen und ihm einen Platz einzuräumen, wenn er gerade aufbraust; der Körper ist wie geschaffen dazu, den Schock zu ertragen und die Energie zu beherbergen – »Ich« kann das nicht. Das ist eine weitere Lektion, die es zu lernen gilt.

Was geht wirklich vor sich, wenn uns etwas Unliebsames zustößt? Zunächst einmal protestieren wir. Dann reagieren wir je nach individueller Veranlagung meist auf eine von zwei unterschiedlichen Weisen. Beide Reaktionsweisen sind in uns vorhanden, aber eine von ihnen ist gewöhnlich dominierend. Entweder besteht sie in aggressivem Verhalten, so dass ich auf alles einschlagen möchte, was mir begegnet; oder ich verhalte mich defensiv, verkrieche mich in mein Schneckenhaus und mache mich damit »fast unsichtbar«. Meine übliche Reaktionsweise ist also entweder aggressiv oder abwehrend, aber unter gewissen Voraussetzungen kann auch die nicht dominierende Haltung zutage treten. Es kann auch vorkommen, dass sich beide Reaktionsweisen sogar gegen meinen Willen in Gang setzen. Manchmal bin ich selbst sehr überrascht, wenn ich einen bestimmten Kurs eingeschlagen habe und nach einem kurzen Augenblick der Abwesenheit plötzlich feststelle, dass ich ganz anders handelte, wenn nicht sogar das Gegenteil von dem tat, was ich eigentlich beabsichtigt hatte.

Wenn die abwehrende Haltung die vorherrschende ist, bedeutet unser Zurückschrecken zugleich einen Rückzug. Und zwar nicht nur Rückzug von der äußeren Bedrohung, sondern auch von der aufflammenden Energie im Innern, die wir abzuwehren versuchen. So wird die Energie unterdrückt und verdrängt, wobei sie dann im Innern weiter schwelen und zu Verbitterung oder Rachsucht führen kann. Wenn die Energie sich aggressiv äußert und der Drang loszuschlagen kaum zu zügeln ist, wird sie in die Handlung oder in die Umgebung entladen. Es gibt eine weitere Verhaltensweise, bei der die Absicht loszuschlagen durch Mangel an Mut nicht in die Tat umgesetzt wird. Wenn die Energie auf diese Weise zurückgehalten und gleichsam eingezwängt wird, zischt sie wie aus einem Schlauch hervor und es entstehen lange Gedankenströme darüber, was ich eigentlich hätte tun und sagen sollen. Diese Gedanken wiederholen sich ständig, kreisen im Kopf herum, bis die dadurch entstandene »Hitze« verraucht ist.

Die Energie entsteht im Körper, und so hat man auch im Körper mit ihr zu arbeiten. Zen-Training ist nicht abstrakt oder intellektuell, also keine geistige Gymnastik, sondern eine religiöse Disziplin, der man sich ehrfürchtig unterziehen muss. Die Betonung liegt auf ehrfürchtig und religiös. Nur dann kommen wir tatsächlich mit dem Bullen zusammen und können die Verbindung wieder herstellen, die durch den Strick symbolisch dargestellt ist. Jetzt kann er nicht mehr weglaufen und uns wie früher nur einen flüchtigen Blick auf sein Hinterteil mit wedelndem Schwanz gewähren. »Das Einfangen des Bullen« heißt, im Augenblick des Aufeinandertreffens »ja« zu sagen und mit einem tiefen Atemzug dieser plötzlich aufsteigenden gewaltigen Energie Hausrecht zu geben – mich von ihr erfüllen zu lassen und ihre Last zu ertragen. Wenn sie abgelehnt oder verkannt wird, ist sie der Bulle und verhält sich entsprechend; aber in Augenblicken der Gefahr kann diese Kraft plötzlich zur Stelle sein und als Helfer, Freund und Beschützer einspringen. Wenn wir den Körper so groß wie möglich machen – wie bei ganz tiefem Einatmen – und zu ihr »ja« sagen, so gewähren wir dieser Energie Hausrecht. Der religiöse, beständige und ehrfürchtige Weg kann sich entwickeln, wenn wir ihre Gegenwart ertragen können ohne dabei fortgetragen oder abgelenkt zu werden. Wenn wir uns vor dieser gewaltigen Energie mit den Worten verneigen: »Das Feuer brennt noch; ich bin noch da, bitte brenne mich nieder« – und wenn wir dem Feuer sein Brennen zugestehen, dann erfahren wir die Läuterung durch das Feuer.

Wie wird das Brennen im Feuer erlebt? Wenn ich es mit den Worten bagatellisiere: »Ja, liebes Feuer, verbrenne mich nur weiter«, dann mache ich mir etwas vor. In diesem Fall gibt es überhaupt kein brennendes Feuer, denn echtes Feuer würde einen Kampf entfachen. Dann müsste ich die Zähne zusammenbeißen, geduldig und willig aushalten und erleiden, was schier unerträglich erscheint. Wenn ein Konflikt in uns wütet, ist dies körperlich deutlich erkennbar durch die verkrampften Schultern und die allgemeine Verspannung der Hände, Arme und auch des Magens. In diesem Augenblick ist es wichtig, nicht von dem »Bildermacher« geblendet und fortgerissen zu werden, nicht zu urteilen, also auch nichts als »Habgier« oder »Zorn« zu bezeichnen. Jetzt heißt es, sich nur auf diese kostbare aufsteigende Energie zu konzentrieren: »Ja, kostbare Energie, bitte brenne mich hinweg.«

Geht uns jetzt vielleicht ein Licht auf, warum der Dritte Patriarch sagte, der große Weg sei gar nicht schwer, nur abhold wählerischer Wahl? Oder warum der Vierte Patriarch vorschlug, bei den Wurzeln zu bleiben und sich nicht um die Zweige zu kümmern?

Wenn ich nach einem Übeltäter, Sündenbock oder nach Erklärungen suche wie der Mann, der von dem vergifteten Pfeil getroffen wurde, wird diese ganze kostbare Energie gleichsam vergeudet. Was für eine Verschwendung ist das doch und welche Verwirrung ergibt sich daraus! Es ist viel besser, diese kostbare, entstandene Energie dankbar zu verwenden, die ich selbst nicht durch einen Akt des Willens aufbringen kann. Zudem ist sie die einzige Kraft im gesamten Weltall, die groß genug ist, auf mich, auf die tiefe Wurzel von hartnäckiger Eigenwilligkeit und wilder Tiernatur einzuwirken. Dies ist die Bullen-Energie; durch unermüdliches Training und Erdulden des Konflikts wird die Energie selbst umgebildet, sanft gewandelt – sie wird weniger Bulle, dafür mehr Mensch.

Die Arbeit ist in der Beziehung zwischen »Ich« und dem Bullen zu leisten; zwei scheinbar verschiedenen Wesen, die im Grunde dasselbe, einander jedoch fremd geworden sind. Wenn wir uns zurückerinnern, schienen wir anfangs zwei gegeneinander gerichtete Kräfte zu sein, die voneinander nichts ahnten und sich weder sehen noch miteinander etwas zu tun haben wollten. Wenn eine von beiden auftaucht, ist die andere verborgen. Wenn wir nüchtern und sachlich sind und nicht gerade von irgendetwas entflammt oder mitgerissen werden, erscheinen wir als sehr umgängliche Gesellen. Wir können uns wohl kaum vorstellen, wie wir uns in einem Wutanfall äußern oder benehmen würden. Wenn ich mich nach einer hitzköpfigen Episode wieder beruhigt habe, kann ich nur noch sagen: »Ich weiß wirklich nicht, was in mich gefahren war. Ich muss wohl außer mir gewesen sein.« Diese beiden einander fremd gewordenen Seiten scheinen sich gegenseitig auszuschließen, so dass es mir schwer fällt, die scheinbar verborgene Seite wahrzunehmen. Daher ist es so schwierig, die Spuren des Bullen zu finden und ihn zu Gesicht zu bekommen. Wir haben unsere liebe Not damit, Ja zu ihm zu sagen und seine Anwesenheit zuzulassen; ihn zuzulassen, ohne von ihm fortgetragen zu werden, aber auch ohne ihn abzuweisen oder zu unterdrücken. Möglicherweise bin ich mir über meine kleinen Fehler im Bilde und bemühe mich sie auszumerzen, was allerdings meist vergeblich ist. Um das fertig zu bringen, muss ich erst lernen sie anzunehmen, ohne dabei klein beizugeben oder sie einfach beiseite zu schieben. Da ich meine vulkanisch-eruptiven Zonen noch nicht kenne, wird mich eine zunehmende Vertrautheit mit dem Bullen gewiss mit ihnen bekannt machen.

Wenn wir die Gegenwart des Bullen ertragen können, ohne ihm nachzugeben, wird uns bei dem Gerangel mit ihm klar, dass er ein wirklicher Teil unserer Natur und viel stärker ist als »Ich«. Zum ersten Mal leuchtet uns jetzt ein, dass wir mit jemandem arbeiten, von dem wir nie getrennt waren. Dies ist ein sehr entscheidendes Stadium. Wenn wir jetzt nicht weit die Augen öffnen und genau hinschauen, verfallen wir kopfüber in neue Fehler. Zur wirklichen Wandlung des Bullen ist die Disziplinierung mit der Peitsche erforderlich. Wenn wir uns dieser Disziplin bei der Arbeit mit unserem Herz-Bullen nicht unterwerfen können, wird er für immer wild bleiben. Seine hartnäckige Eigenwilligkeit und Tiernatur werden nicht nur ihn, sondern auch uns weiterhin beherrschen. Vielleicht gelingt es uns, sie zu vertuschen, wobei wir zu Heuchlern werden, aber unterschwellig bleiben sie immer da.

Ein Vers aus dem Dhammapada, einer weit verbreiteten Schrift der Südlichen Schule lautet:

Böses vermeiden,
Gutes tun,
Das Herz reinigen;
Das ist die Lehre aller Buddhas.

Nur ein vollständig gereinigtes Herz ist in der Lage, stets das eine zu vermeiden und das andere zu tun; und so geht beides Hand in Hand. Die Betonung liegt auf dem Vermeiden des Bösen und dem Tun des Guten, so viel wie möglich, denn hierin bestehen die Reinigung und auch die sanfte Wandlung unseres eigenen Herz-Bullen. Ein früher chinesischer Zen-Meister sagte einst zu einem bedeutenden konfuzianischen Gelehrten, der an dem scheinbar simplen oben erwähnten Vers Anstoß nahm: »Obwohl ein kleines Kind diesen Vers auswendig hersagen kann, ist ein Mann von achtzig Jahren nicht in der Lage danach zu leben.«

Vielleicht können wir jetzt erkennen, an welchem Ort sich die wirkliche Wandlung des Bullen vollzieht. Es sind unsere eigene hartnäckige Eigenwilligkeit und wilde Tiernatur, die es zu wandeln gilt, und dazu ist Disziplinierung mit der Peitsche erforderlich. Wir müssen selbst fest entschlossen sein, sie zu benutzen – das kann uns niemand abnehmen. Beim Umgang damit ist Geschicklichkeit vonnöten, denn: »Wenn der Karren im Schlamm stecken bleibt, schlägt man dann den Wagen oder den Ochsen?« In diesem kritischen Stadium können wir es uns nicht einmal für einen Augenblick lang erlauben, die Zügel locker zu lassen, oder wie Daitō-Kokushi auf seinem Totenbett seine Schüler ermahnte: »Strebt immer weiter, strebt immer weiter!« Alle, die den Buddha-Weg gegangen sind, sprechen wahrhaftig dieselbe Sprache.

V – Die sanfte Wandlung des Bullen

Wenn auch nur ein einziger Gedanke auftaucht, folgt unaufhaltsam einer auf den anderen in endloser Runde. Durch Erwachen wird alles zur Wahrheit, durch Täuschung entsteht Irrtum. Die Dinge erscheinen unabhängig von der Außenwelt und entstehen im Herzen des Hirten selbst. Halte die Zügel straff und gestatte dir kein Zaudern.

Gedichte

1

Nicht einen Augenblick darf der Hirte
Peitsche und Zügel fallen lassen,
Sonst stürmt der Bulle in einem Wirbel von Staub davon.
Doch geduldig erzogen und sanft gewandelt,
Folgt er dem Hirten von selbst ohne Strick und Kette.

2

Jetzt mag der Bulle die Bergwälder durchstreifen
Oder auch auf stark befahrenen,
von Staub bedeckten Straßen laufen.
Niemals mehr frisst er vom Futter auf der Weide eines anderen.
Kommen und Gehen sind für den Hirten mühelos –
ruhig trägt der Bulle den Hirten.

3

Durch geduldige Erziehung hat sich der Bulle
an den Hirten gewöhnt
und ist wahrhaft sanft geworden.
Läuft er jetzt durch Staub, wird er nicht mehr beschmutzt.
Langes und geduldiges Zähmen!
Plötzlich dann, in einem Sprung
hat der Hirte sein Glück gemacht.
Unter den Bäumen hören andere sein mächtiges Lachen.

Bild 5
Die sanfte Wandlung des Bullen

Jedes Bild ist allein für sich bedeutsam und enthält auf eine Art und Weise auch die anderen in sich; doch sind die Bilder 5 und 6 besonders wichtig. Auf den ersten Blick erscheint der Titel von Bild 5 nicht ganz zutreffend, ist doch in Bild 4 das Zähmen des Bullen dargestellt, und hier scheint dies schon vollendet zu sein. Zeigen die Bilder 4 und 5 also mehr oder weniger dasselbe? Eigentlich nicht – und der Schlüssel hierzu liegt in einem der Gedichte zu Bild 5: »Keinen Augenblick lang darf der Hirte Peitsche und Zügel fallen lassen.« Wir sollten niemals vergessen, dass diese Bilder aus echter Erfahrung stammen und daher auch so bemerkenswert genau sind. Wenn der Bulle einmal gefangen ist, lernt er bis zu einem gewissen Grad gehorsam zu sein. Das bedeutet aber keineswegs, dass er jetzt schon sanft gewandelt ist. Eine echte Wandlung besteht nicht einfach in simpler passiver Nachgiebigkeit, sondern in wirklicher sanfter Wandlung der Natur selbst, und das kommt in Bild 5 zum Ausdruck.

Worin liegt also der Unterschied? Als ich in Japan war und dort gelegentlich mit amerikanischen Freunden über Pferde sprach, vertraten die meisten von ihnen die Ansicht, Pferde seien heimtückische Tiere. Dies erschien mir merkwürdig, da in Europa Pferde ganz anders angesehen werden. So kann es vorkommen, dass ein Pferd zum Retter des Reiters wird. Gibt es vielleicht einen Unterschied zwischen einem Pferd, das behutsam eingeritten (engl. *to ride in a horse*) und einem Pferd, das hart zugeritten wurde (engl. *to break in a horse*)? Man kann ein Pferd ziemlich schnell zureiten, so dass es einem gehorchen wird. Aber in einer prekären Situation kann es den Reiter abwerfen und davonstürmen – es ist einfach nicht vertrauenswürdig. Ein gut und richtig eingerittenes Pferd wird jedoch willig mit seinem Reiter gehen. Wenn der Reiter in Not ist, wird das Pferd ihn nach Hause bringen, ihm Hilfe verschaffen und beinahe alles für ihn tun.

Das ist also der Vorgang einer sanften Wandlung. Kommen wir auf unsere Pferde-Analogie zurück: Wenn das Pferd zu hart eingeritten wurde, kann sein Lebensmut gebrochen werden, wodurch es entweder bösartig wird oder nur vorübergehend gehorsam auf den passenden Moment wartet. Daher muss das Training behutsam sein, zugleich aber auch streng und unnachgiebig – sonst hinterlässt es keinen Eindruck auf uns. Als Erstes müssen Gehorsam und Nachgeben erlernt oder angewöhnt werden. Daraus entwickeln sich dann Durchhaltevermögen und die Kraft, trotz schmerzender Beine oder anderer Beschwerden weiterzumachen. Jetzt beginnt der wirkliche Vorgang der sanften Wandlung. Dies ist in Bild 5 dargestellt.

Der Bulle folgt nun dem Hirten. Immer noch sind die beiden durch den Strick miteinander verbunden. Der Text spricht die Warnung aus: »Wenn auch nur ein einziger Gedanke auftaucht, dann folgt ein Gedanke nach dem anderen in unaufhaltsamer endloser Runde.« Kurz zusammengefasst beinhaltet dies, worum es im Zen-Training geht.

Laut Überlieferung hat Bodhidharma Zen aus Indien eingeführt. Nachdem es sich in China »akklimatisierte«, wird es nach dem Sechsten Patriarchen in der Geschichtsschreibung erwähnt. Bezüglich des Sechsten Patriarchen gibt es scheinbare Widersprüche. Er hat sein Kloster wahrscheinlich auf Anweisung des Fünften Patriarchen wegen eines Streites um die Nachfolge verlassen müssen. Angeblich war er Analphabet. In seinen Lehrreden zeigt er sich jedoch genauestens in den tiefgründigsten Mahāyāna-Schriften bewandert. Aus diesem Grund zeigt uns die Geschichte einen scheinbar widersprüchlichen Doppelsinn – hiermit werden wir im Zen-Training ständig konfrontiert. Stets sind in uns beide Seiten vorhanden; wir neigen sehr dazu, uns zu spalten und die Seiten einander gegenüberzustellen. Wir verstehen nicht, dass beide miteinander verschmelzen müssen.

Die Legende berichtet also, dass der Sechste Patriarch die Aufforderung erhielt, das Kloster zu verlassen. Eines Tages wurde er auf seinem Weg von einem alten, erfahrenen Mönch eingeholt. Dieser mag sich gefragt haben, ob der Sechste Patriarch ein echter Nachfolger oder nur ein Hochstapler war, der Robe und Almosenschale als Beweisstücke seiner Nachfolge entwendet hatte. Nachdem der Mönch ihn eingeholt hatte, legte der Patriarch die genannten Gegenstände auf einem Felsbrocken nieder. Als der Verfolger sie in seinen Besitz bringen wollte, stellte er fest, dass er sie nicht aufheben konnte. Diese Tatsache ist doch sehr auffallend und hat viel mit unserem Bild 5 zu tun: »Die Wandlung des Bullen«. Warum konnte er sie nicht aufheben? Almosenschale und Robe – selbst wenn es sich um das schwere Wintergewand handelte – sind doch mit Leichtigkeit aufzuheben. Wir müssen jedoch erwägen, was sie eigentlich darstellten – nämlich die Nachfolge – und was sie deshalb für die Person bedeuteten, der sie überreicht wurden. Sie müssen wichtiger als sein Leben für ihn gewesen sein. Hätte sein Leben ihm mehr bedeutet als ihr Besitz, so würden sie niemals übergeben worden sein. Mehr als sein eigenes Leben standen sie auch für das rechtmäßige Erbe an Vertrauen und folglich auch Verantwortung, sie an die folgende Generation weiterzugeben. Solche Werte werden höher stehend als das eigene Leben angesehen. Alle Kulturen kennen solche Werte und ehren diejenigen, die ihr Leben für Werte geopfert haben, welche sie für bedeutsamer hielten als ihr eigenes Leben.

Der Sechste Patriarch hat die Übermittlung des Dharma zweifellos höher als sein eigenes Leben gestellt, dennoch legte er auch diese symbolisch nieder – legte Robe und Almosenschale auf dem Felsbrocken ab. Dies bedeutet, dass er alles niederlegte: sein Leben, sein Recht, sein Erbe, selbst sein eigenes Herz. Nichts blieb ihm mehr, und so befand er sich in derselben Lage wie einstmals der Buddha, als ihn seine fünf Anhänger verließen, weil er ein Bad genommen und ein wenig Reisgrütze zu sich genommen hatte. Es gab keinen Prinzen und keinen hervorragenden Schüler eines berühmten Lehrers mehr, er wurde sogar von seinen fünf Anhängern verlassen – nichts blieb mehr übrig.

In christlicher Darstellung könnte man dies mit der Äußerung von Jesus Christus vergleichen: »Mein Gott, mein Gott, warum hast du mich verlassen?« Hier ist der Ort, an dem wahrhaftig nichts mehr zurückbleibt. Nur wenn alles wirklich NICHTS geworden ist, kann sich die Wandlung vollziehen; und zwar die Abkehr von einem illusorischen »Ich« zu der Erkenntnis der Wahren Natur, dem Wahren Gesicht.

Als der Verfolger, ein Mönch mit einiger Erfahrung und Einsicht, feststellte, dass er Robe und Almosenschale nicht aufheben konnte, kam es zu einer Wandlung in seinem Herzen. Wenn man diesen Text nur liest, so scheint die Geschichte unglaubwürdig. Zen-Texte stellen uns oft vor scheinbare Widersprüche – wir müssen sie mit der »einäugigen Sichtweise« betrachten. Der Verfolger, welcher glaubte, es mit einem Hochstapler zu tun zu haben, erkannte jetzt, dass er vor dem Sechsten Patriarchen stand. Er sprach ihn daher ehrfürchtig an: »Älterer Bruder, ich bin nicht wegen Robe und Schale, sondern wegen des Dharmas gekommen.« Dies entsprach in gewisser Weise der Wahrheit. So fragte der Sechste Patriarch: »Noch vor dem Nachdenken über gut und böse, noch bevor Vater und Mutter geboren wurden, was ist in diesem Augenblick das Wahre Gesicht?«

»Wenn ein Gedanke aufsteigt, dann folgen ihm weitere unaufhaltsam in endloser Runde.« Wenn wir den Ort erreichen wollen, wo nichts mehr ist, muss das Training, wie es in den Texten berichtet wird, hart und bitter sein. Denn der Weg zu dem Ort des Nichts ist keineswegs angenehm, weil man einen langen Vorgang des Abstreifens durchleben muss. Es wird drastisch so beschrieben, als ob »Knochen zerbersten«, so wird es tatsächlich erlebt. Oder auch, als ob das Herz zerbräche, weil all die aufeinander folgenden Gedanken untergraben werden, sobald man plötzlich zu diesem Ort des Nichts vordringt; und dies ist für eine echte Wandlung der Bullen-Natur erforderlich.

So wird Bild 5 »Die Sanfte Wandlung des Bullen« genannt. Durch Erwachen wird alles zur Wahrheit, durch Unwissenheit entsteht Irrtum. Die Lehren des Buddha, der Buddha-Dharma, werden getragen durch seine Einsicht in den Dharma, wie alle Dinge wirklich sind. Deshalb sind die Art, wie alle Dinge sind, und der Buddha-Dharma nicht voneinander verschieden. Die Art, wie die Dinge wirklich sind, ist eben die Art, wie sie wirklich sind. Durch Unwissenheit und Verkennung wird unsere

Sichtweise verzerrt, unsere Wahrnehmung der Dinge, wie sie wirklich sind, täuscht uns, weil wir alles in dies und jenes aufspalten. Das hier ist weiß, nicht wahr? Jenes ist ganz offensichtlich schwarz. Dann ergreifen wir Partei für dieses und gegen jenes und sind damit erneut bei der wählerischen Wahl angelangt. Die frühen traditionellen Zen-Geschichten stellen dieses Dilemma oft dar, aber sie zeigen auch, was man dagegen unternehmen sollte.

Diesbezüglich ist die Geschichte über die Nachfolge des Fünften Patriarchen sehr hilfreich. Die Nachfolge sollte demjenigen übertragen werden, der ein Gedicht von ausreichender Einsicht verfassen konnte. Weil der alte Hauptmönch sich nicht sicher war, ob sein Vers den Anforderungen entspräche und sich deswegen nicht als der Verfasser bekanntgeben wollte, schrieb er ihn nachts an die Wand:

> Der Leib ist der Baum der Erleuchtung,
> Das Herz wie ein klarer Spiegel auf seinem Ständer;
> Immerfort muss der Spiegel poliert werden,
> Damit nichts ihn trüben kann.

Als man dem zukünftigen Patriarchen auf das Gedicht aufmerksam machte, ließ er sein eigenes Gedicht daneben schreiben:

> Ursprünglich gibt es keinen Baum der Erleuchtung,
> Keinen klaren Spiegel und keinen Ständer.
> Wenn es überhaupt nichts gibt,
> Was kann da noch getrübt werden?

Weil wir schon wissen, dass der Verfasser des zweiten Gedichtes Sechster Patriarch wurde, könnten wir leicht geneigt sein, Partei für ihn zu ergreifen. Wir lieben die Vorstellung eines gründlichen Reinfegens oder eines neuen Anfangs. Damit sind wir schon wieder bei der wählerischen Wahl, nicht wahr? Aber Gedichte und auch Lehren wie diese sind zueinander passende Gegenstücke; eins ist ohne das andere nicht möglich. Wir sollten weder dem einen noch dem anderen den Vorzug geben, sondern immer das Paar vor Augen haben und uns darüber hinaus klar sein, dass eins ohne das andere nicht entstehen kann. Ein ähnliches zusammenpassendes Paar ist uns schon in dem Vorwort von Meister Chi-Yuan begegnet, wo er sagt: »Es gibt etwas für die Buddhas zu erfüllen und für die Menschen etwas durchzuführen.« Das Zen-Training präsentiert uns immer solche Beispiele. In unserer Unwissenheit betrachten wir sie als Paradoxe, als Rätsel oder als Gehirnakrobatik – und wiederum wählen wir wählerisch, was dieses wohl oder jenes vielleicht bedeuten könnte. Wir sollten nur einfach begreifen, dass sie immer als zusammengehöriges Paar gesehen werden müssen. Sie sollten klar und deutlich von allen Seiten und Aspekten betrachtet werden, ohne dabei Partei zu ergreifen, ohne Ablehnung und Anhaften. Wenn wir wirklich diesen Ort durchschreiten, wo überhaupt-nichts existiert, werden solche Paare als Ganzes gesehen, und wir werden nicht weiter in Gedanken der wählerischen Wahl verstrickt. Wer ist der Denkende? Was geschieht, wenn keine Gedanken mehr da sind? Was liegt den Gedanken zugrunde? Das müssen wir herausfinden.

»Gedanken entstehen nicht durch äußere Umstände, sondern im Herzen des Hirten selbst.« Wir vertreten oft die Ansicht, dass Gedanken durch äußere Reize ausgelöst werden. In Wirklichkeit entstehen sie aber in unserem eigenen Herzen gemäß unserer gewohnten Reaktionsweise. Erinnerungen – oder auch Vergessenes – können sofort in unseren Gedanken auftauchen, wenn eine entsprechende Situation die Assoziation hervorruft. Dennoch trifft es nicht zu, dass die Gedanken aus der Situation selbst hervorgehen; wenn es nämlich keine äußeren Reize gibt, steigen Gedanken trotzdem in endloser Runde auf. Dies konnte in sensorischen Deprivationsexperimenten klar bewiesen werden. Wenn wir gerade einmal nicht von Dingen abgelenkt werden, welche alle möglichen Gedanken hervorrufen können, dann beginnt der »innere Film« abzulaufen. Um uns hiervon zu überzeugen, benötigen wir eigentlich keine Deprivationsversuche; das Meditationskissen reicht völlig aus. »Eins ... zwei ... o meine Güte, wann wird dies bloß enden?«

Ich erinnere mich an eine Geschichte, die ich während meiner Zeit im Kloster Daitoku-ji hörte. Ein junger Südafrikaner übte dort seit einigen Monaten Zazen. Schließlich fand das harte Rōhatsu-Sesshin statt. Vom zweiten Tag an war er wehrlos seinen Träumereien ausgeliefert: Sobald die Klappern eine Sitzperiode beendeten, fand er sich in Kapstadt wieder, draußen vor seinem Haus, wo auch schon sein roter Sportwagen auf ihn wartete. Er stieg ein und fuhr durch die Alleen, die er am meisten liebte, diese Steigung aufwärts, die ihm gefiel, an den Bäumen vorbei, die er besonders schätzte, über die Strecke, welche Höchstgeschwindigkeit zuließ, um den ganzen Tafelberg herum, und gerade in dem Moment, wenn »ting! ting!« das Inkin ertönte, kehrte er auf sein Kissen zurück.

Nicht aus der Umgebung, sondern aus dem eigenen Herzen entspringen die Gedanken, auch wenn nichts vorhanden ist, was sie hervorrufen könnte. Manchmal können sie sogar gefährlich werden. Als es in den Sechzigerjahren in Mode kam, allein zu segeln, verschwanden einige Segler von ihren Segelbooten, einige von ihnen sogar mitsamt Boot. Dies geschah überwiegend bei ruhigem Wetter. Zur Klärung solcher Unglücksfälle schickte man Fragebögen an entsprechende Segler. Hierin wurde nach den Bedingungen gefragt, die als besonders schwierig erachtet wurden. Überraschenderweise wurde von den meisten Befragten angegeben, dass man sich bei schlechtem Wetter und Stürmen, die natürlich gefürchtet waren, einfach mit diesen Schwierigkeiten auseinandersetzen musste. Dagegen empfand jeder die lang anhaltenden ruhigen Perioden als beängstigend und unheimlich, weil sich die Gedanken dann verselbständigen und unbegrenzt hinziehen konnten, und die Existenz überhaupt nur an einem seidenen Faden zu hängen schien. Man kann schon verstehen, dass beim Ablaufen des inneren Films ein Mann über Bord gehen oder mitsamt seinem Boot verschwinden kann.

Kein Unternehmen also, das man ohne ein entsprechendes Training auf sich nehmen sollte. Einige sind sich auch darüber klar. Während meiner Ausbildung im Kloster Daitoku-ji sprach ein junger Amerikaner vor und berichtete, dass er mit seiner Japan-Reise einen ganz speziellen Zweck verfolgte. Für den Abschluss seines Mathematik-Studiums benötigte er noch zwei Jahre, seine Geldmittel waren ihm ausgegangen. Bisher hatte er sein Studium mit Teilnahme an kurz dauernden Isolationsversuchen in einer Raumkapsel finanziert. Jetzt hatte sich für ihn eine Gelegenheit geboten, ausreichend Geld für die beiden letzten Jahre des Studiums zu verdienen, wenn er zusammen mit einer anderen Person über etwa drei Monate in einer Raumkapsel isoliert zubringen würde. Die Schwierigkeit lag nicht im Alleinsein, sondern darin, mit einer anderen Person auf engem

Raum zusammengepfercht zu sein. Man hatte die beiden auch gewarnt, dass diese Situation ihnen auf die Nerven gehen könnte. Wenn sie die für den Versuch vorgeschriebene Zeit nicht durchhalten könnten, würden sie den größten Teil der Bezahlung einbüßen. So war er gekommen, um traditionelles Zazen zu erlernen, um sich seines Durchhaltevermögens zu versichern. Sein Plan gefiel mir; zwar unternahm er ihn nicht aus religiösen Gründen, aber das Wesentliche hatte er schon begriffen. Ich bat für ihn im Kloster um Erlaubnis und erhielt die Zustimmung für ihn. Er verfolgte ja einen guten Zweck, und wenn er bereit war, es auf sich zu nehmen, sei er willkommen. Er hat sich auch sehr angestrengt.

Später kehrte er in die Staaten zurück, absolvierte das Testprogramm und bestand sein Examen. Merkwürdigerweise hatte ihm aber seine Erfahrung beim Durchhalten, sowohl im Kloster als auch in der Raumkapsel, ein Gefühl für den Buddha-Weg vermittelt. Nach Abschluss seines Studiums schlug er eine neue Laufbahn ein und studierte buddhistische Philosophie, lernte Chinesisch und Japanisch und qualifizierte sich in buddhistischen Studien und Übersetzungen. Seltsam, wie die Dinge sich manchmal entwickeln.

Durch Erwachen wird alles zur Wahrheit, durch Täuschung entsteht Irrtum. Gedanken entstehen nicht durch äußere Umstände, sondern im Herzen des Hirten selbst. Halte die Zügel straff und gestatte dir kein Zaudern. Auf diese Weise wird der Bulle sanft gewandelt.

VI – Die Heimkehr auf dem Rücken des Bullen

Jetzt ist der Kampf ausgestanden. Gewinn und Verlust sind weggefallen. Der Hirte singt eine alte Volksweise, oder er spielt auf seiner Flöte die Melodie eines Kinderlieds. Auf dem Bullen reitet er dahin und schaut in den blauen Himmel hinauf. Wenn jemand hinter ihm herruft, dreht er sich nicht um, und er hält auch nicht an, wenn ihn jemand am Ärmel zupft.

Gedichte

1

Auf dem Rücken des Bullen, ohne Hast und Eile,
reitet der Hirte nach Hause.
Durch den Abendnebel dringt weithin der Klang seiner Flöte.
Ton für Ton, Melodie auf Melodie,
erklingt die grenzenlose Stimmung.
Wer dies hört, muss nicht fragen, wie der Hirte sich fühlt.

2

Aus Dunst und Nebel taucht er Flöte spielend auf,
Er weist auf den Weg zu seinem Haus am Deich.
Auf einmal wird die Melodie zum Lied der Heimkehr.
Nicht einmal Bai-yas Meisterwerke kommen diesem Lied gleich.

3

Mit Bambushut und Strohmantel
zieht er durch den Abendnebel heim.
Umgedreht sitzt er auf dem Bullen, sein Herz voller Freude.
So geht es Schritt für Schritt in kühler, sanfter Brise,
Der Bulle wirft keinen Blick
auf das einst so unwiderstehliche Gras.

Bild 6
Die Heimkehr auf dem Rücken des Bullen

Nun kommen wir zu Bild 6. Jetzt ist der Kampf endgültig vorbei. Während er auf dem Bullen dahinreitet, spielt der Hirte die Melodie eines Kinderlieds auf seiner Flöte. Von dem Bullen wird gesagt, dass er keinen Blick mehr auf das einst so verlockende Gras wirft. Wie genau sind doch die Bilder gemalt und wie wunderbar aufschlussreich sind sie doch. Obwohl der Strick noch vorhanden ist, wird er locker niedergelegt; er wird nicht mehr gebraucht, um den Bullen zu führen. Der Hirte sitzt seitlich und schaut nicht einmal in die Richtung, die der Bulle einschlägt. Vielmehr spielt er auf seiner Flöte – keine komplizierte Weise, sondern ein Volkslied, eine einfache Melodie, welche beide Schritt für Schritt vorwärts trägt. Die Melodie stammt von dem »Lied des Heimwegs«, ist also keinesfalls ein Marschlied für einen schweren Tritt, viel eher für ein Gehen auf federndem Torf, das einen bei jedem Schritt anhebt. Seht nur das Bild an – so fühlt man sich. Die Natur des Bullen selbst ist jetzt wahrhaftig sanft gewandelt und umgebildet worden. Deshalb ist nun auch der Kampf ausgestanden. Zum ersten Mal sind Bulle und Hirte wirklich zusammengekommen. Es besteht kein Zweifel daran, dass sie sich auf dem Weg nach Hause befinden.

Wenn sich dieses Paar anfangs auf den Weg macht – und ein solches Paar steckt in uns allen –, haben wir bestimmte Vorstellungen von dem Bullen und sind überzeugt, dass er in die Richtung geritten oder getrieben werden muss, die meinen Wünschen entspricht. Ich will nach Hause und glaube deshalb den Bullen führen zu müssen. Ich wüsste zu gern den Weg nach Hause und würde am liebsten auf dem Bullen reiten; aber das kann ich wirklich nicht. Meistens gewinnt der Bulle durch irgendeine List die Oberhand und trägt mich davon. Oder ich werde so starr, dass der Bulle kraftlos wird; dabei werde ich krank. Deshalb sind das Training und die sanfte Wandlung des Bullen notwendig; denn er allein kennt den Weg nach Hause, und nur er hat die Kraft, den Hirten dorthin zu tragen.

In traditionellen Darstellungen hält stets ein Dämon das Rad des Lebens mit seinen Sechs Bereichen in seinen Klauen. Was mir als Dämon erscheint, ist in Wirklichkeit die Veränderung, der wir alle unterliegen. »Trennung von dem, was man liebt, und Mangel an dem, was man haben will, und ewig so weiter. Was ich als Dämon sehe, ist nur das Fließen der Natur – ein Werden, Existieren und wieder Vergehen. Da gibt es nichts zu fürchten und auch nichts, wogegen man sich auflehnen müsste. Die Sechs Bereiche auf dem Rad sind der menschliche Bereich, die Reiche der himmlischen Wesen, der kämpfenden Dämonen, der hungrigen Geister, der Höllenwesen und der Tiere, die alles ertragen müssen, was immer ihnen von ihrer Umgebung und oder uns Menschen auferlegt wird.

Obwohl wir alle menschliche Körper besitzen, sind wir nur selten Bewohner des menschlichen Bereiches. Wie viele Stunden am Tag wandern wir durch alle anderen Bereiche auf dem Rad? Wie lange am Tag halten wir uns im menschlichen Bereich als wirklich menschliche Wesen auf – ohne Täuschung, Begierde oder Ärger, und ohne das Gefühl, dass ich im Mittelpunkt stehe? Man könnte deshalb sagen, dass in Bild 6 mit der sanften Wandlung des Bullen auch der menschliche Bereich zum ersten Mal wirklich erreicht wurde.

Das Paar ist jetzt wirklich menschlich geworden; sogar der Bulle, nun sanft gewandelt, grast nicht mehr außerhalb des menschlichen Bereiches. Auch trägt er den Hirten nach Hause. Dies ist ein wichtiger Punkt und zeigt deutlich, worum es bei der sanften Wandlung geht.

Ein wirklich menschliches Wesen wurde hier herangebildet und kann sich jetzt nicht nur auf rein biologischer, sondern auch auf kultureller Ebene entfalten. Dies ist ein Privileg von uns Menschen; ob wir jetzt von einem konfuzianischen »Gentleman« oder in unserem Sprachgebrauch von dem »wirklichen Gentleman« im besten Sinn des Wortes sprechen, kommt auf dasselbe hinaus. Die Natur des zu einem »Gentleman« gewandelten Menschen ist selbst gewandelt; sie ist nicht mehr bloße Fassade von äußeren Manieren, hinter der die Wildheit noch im Inneren tobt. Nur wenn die Natur selbst auf diese Weise sanft gewandelt worden ist, kann der menschliche Zustand unter allen Umständen vorherrschen, seien sie nun günstig, ungünstig oder indifferent. Wenn Höflichkeit, gute Manieren und alle anderen Merkmale, die zu diesem wahrhaftig menschlichen Zustand gehören, immer und aus sich selbst heraus vorherrschen, sind sie als wirklich von Herzen kommend und somit als Eigenschaften des menschlichen Herzens erkennbar. Wird uns jetzt klarer, was dieser Herz-Bulle eigentlich bedeutet, und warum wir uns in diesem Prozess, in diesem großen Bestreben nach Humanisierung, der sanften Wandlung, so abmühen, leiden und so viel erdulden müssen? Deshalb sollten wir auch gegenüber »guten Umgangsformen« misstrauisch sein, die rein äußerlich beeindrucken, aber lediglich gepflegt werden, um den Wolf im Schafspelz zu verbergen. Dennoch bildet der Form gebende Aspekt von guten und kultivierten Umgangsformen, die zur Wandlung und Transformation der wilden Natur dienen, einen wesentlichen Teil der Erziehung. Es ist ein kümmerlicher Ersatz, sich lediglich mit Wissen vollzustopfen. Nur wenn wir in unserer Natur wirklich gewandelt sind, können wir in Frieden und Harmonie mit uns selbst und anderen leben und damit beginnen, uns und andere wirklich zu verstehen.

So stellt Bild 6 eine entscheidende Stufe unseres Trainings dar. In gewisser Weise zeigt es den Zustand, welcher menschlichen Wesen gemäß ist, die in einem menschlichen Körper geboren wurden. Vielleicht ist unsere Entwicklung noch nicht so weit fortgeschritten, obwohl wir menschliche Körper besitzen. Daher geht es zunächst darum, wahrhaft menschlich zu werden, denn von all den Bereichen auf dem Rad ist Erlösung nur vom menschlichen Bereich aus möglich. Aus diesem Grund ist er so außerordentlich wichtig, daher auch die ständige Ermutigung und Anregung, eine solch seltene Gelegenheit unbedingt zu nutzen. Nicht einmal vom Bereich der himmlischen Wesen aus kann Erlösung erreicht werden. Wenn sich deren gutes Karma, das ihnen einen vorübergehenden Aufenthalt in diesem Bereich ermöglichte, erschöpft hat – und es wird sich erschöpfen –, erscheinen zwangsläufig Zeichen des Niedergangs. Sie werden sehr anschaulich folgendermaßen beschrieben: Schweiß beginnt sich in den Achselhöhlen zu sammeln, die von ihnen getragenen Blumen welken, ihre hellen Gewänder, die sie niemals reinigen mussten, werden schmutzig und beginnen übel zu riechen. Es scheint keinen »besseren« Bereich auf dem Rad des Wechsels zu geben, aber bei all dem dort herrschenden fröhlichen und unschuldigen Leben hat es doch keine Möglichkeiten gegeben, Verdienste anzusammeln. Wenn sich also ihr gutes Karma, das sie dorthin brachte, erschöpft hat, stürzen sie hinunter – vielleicht bis in die elenden Bereiche –, abhängig von dem restlichen Karma, und die endlose Runde auf dem Rad setzt sich fort. Allein vom menschlichen Bereich aus ist Erlösung möglich.

Eine Geburt in einem menschlichen Körper ist rar und selten und sollte nicht ungenutzt bleiben. Wir tun daher auch gut daran, uns in das Training hineinzugeben. Wenn noch zusätzlich gutes Karma hinzukommt, könnten die Buddha-Lehren und die Erfahrung, wie viel auf dem Spiel steht, ein weiterer Ansporn sein. Vielleicht verfügen wir dann auch über genügend Energie, um uns darum zu bemühen, wirklich menschlich zu werden, statt fortwährend in unseren alten hartnäckigen Gewohnheiten mit wählerischer Wahl, Streit und Auseinandersetzungen über dies und jenes stecken zu bleiben. Obwohl der Körper menschlich ist, gilt die Aussage: Nur wenn der Bulle sanft gewandelt ist, nur wenn die Energie der quälenden Leidenschaften vom »Elementarfeuer« in »Menschlichkeit« umgebildet ist, nur dann ist der menschliche Bereich der Aufenthaltsort, in dem der Weg des Buddha seine Anziehungskraft auf die Menschen ausübt.

Alle Religionen halten diese Stufe des wirklichen Menschseins für außerordentlich wichtig und bemühen sich dorthin zu gelangen. Bei genauer Betrachtung lässt sich auch sagen, dass religiöse Übungen in erster Linie auf die Humanisierung hin ausgerichtet sind, nämlich auf das Heranbilden eines vollständigen menschlichen Wesens. Erst dann beginnt der eigentlich religiöse Weg, obwohl er schon von Anfang an als solcher empfunden wurde. Es gibt also zwei entscheidende Phasen: Die erste besteht in der sanften Wandlung des Bullen und beginnt mit der Übung des echten Niederlegens und des Nichtswerdens, bis der Bulle selbst sanft gewandelt und so menschlich ist, dass er jetzt in den vollständig menschlichen Bereich hinein »nach Hause« geht und den Hirten mit sich trägt. Die Heimat lockt, und der Hirte braucht den Bullen nicht mehr zu führen. Dies ist der natürliche Rhythmus der »Heimkehr«, keine Ungeduld, kein »Ich muss«, kein Nichts – nur ein wahrhaftes Einssein mit dem Augenblick. Schon bei den ersten Schritten unserer Übung fangen wir an, diese Haltung zu pflegen – uns so gut wie möglich in das hineinzugeben, was gerade jetzt getan wird. Schritt für Schritt auf diesem Weg nach Hause kommt dieses Streben zur Vollendung.

Im zweiten Gedicht zu Bild 6 wird gesagt, dass der Bulle auf den Deich zutrottet. Die Heimat lockt, und plötzlich ändert sich die Melodie und wird zu einem Lied der Rückkehr. Wer dazu fähig ist, dies herauszuhören, dem scheint sogar das bedeutendste Gedicht nicht mehr hervorragend zu sein, denn jenes Lied der Rückkehr ist schöner und auch viel herzerwärmender als irgendein anderes. Wenn das Herz so gerührt wird, dass es sich »erwärmt«, beginnen wir zu verstehen, wohin der Weg führt. Bis zu diesem Punkt ging es um die Arbeit mit dem Bullen, um das Niederlegen und auch das harte und bittere Training; und hinter allem gab es immer noch Begehren: »Ich will.« Ohne dieses Wollen hätten wir ja nie beginnen und auch nicht weitermachen können. Dies wird als Streben des Herzens oder als die Kraft bezeichnet, die im Gelübde der Hingabe verkörpert ist. Obwohl dieses Streben vorhanden sein muss, bleibt es immer noch ein Wollen; und schließlich hat man auch das niederzulegen. Es fragt sich nur, wie man ein als so kostbar erachtetes Ding ablegt.

In vollem Ausmaß begegnen wir dem Niederlegen erst in späteren Stadien des Trainings, aber bis zu einem gewissen Grad wird es bei fast jedem Schritt gefordert. Warum ist dies so wichtig? »Die Leidenschaften sind die Buddha-Natur, und die Buddha-Natur ist dasselbe wie die Leidenschaften.« Nehmen wir an, dass ich unbedingt etwas haben will. Zu irgendeinem Zeitpunkt in unserem Leben haben wir uns alle dringend etwas gewünscht und glaubten, dass wir nach der Wunscherfüllung glücklich und zufrieden leben würden. Ich mag sogar das Pech gehabt haben, das Gewünschte wirklich zu bekommen – nicht für lange, denn nichts ist für immer, aber über eine gewisse Zeit hinweg. Wir haben alle die Erfahrung gemacht, dass die Erfüllung eines Wunsches nach etwas heiß Begehrtem uns doch nicht so zufrieden stellte, wie wir es erwartet hatten; schon sehr bald beginnt die Befriedigung nachzulassen. Fast noch schlimmer ist, dass ich jetzt nichts mehr zu erhoffen habe, was mich für immer glücklich und zufrieden machen könnte. Was es auch immer sein mag: Ein konkreter Gegenstand, eine Person oder eine abstrakte Idee, die »Fesseln« meines Begehrens, die unwiderstehliche Faszination über das Gewünschte stellen sich als Projektion meines eigenen Herzens heraus, als mein »Herzenswunsch«. Erinnern wir uns an den goldenen Ball, der hinwegrollte? Oder, metaphorisch, wie das Herz herausspringt und sich über einen Gegenstand drapiert, der dann eine unwiderstehliche Faszination ausübt? Wenn ich das Ding dann mit meinem eigenen Herzen verwechsle, kann ich nicht umhin zu glauben, dass ich vollständig und ausgefüllt wäre, wenn er mir nur gehörte. Wir wissen aber auch, dass Vertrautheit Geringschätzung erzeugt. Früher oder später wird das begehrte Objekt für mich alltäglich, und mein Herzschleier wird durchsichtig und fällt herab. Wenn ich nun den Gegenstand betrachte, so wie er ist, gibt es nichts als Enttäuschung, denn eigentlich ist er doch nicht das, was ich wollte. Ist es vielleicht mein eigenes Herz, nach dem ich »Begehren« verspüre und das ich wahrnehmen muss, um mich vollständig und erfüllt zu fühlen? Von Zeit zu Zeit springt mein Herz heraus, um mir sein Dasein bewusst zu machen: »Du Holzkopf, sieh mich an. Hier ist doch das, was du wirklich willst. Ich bin dein eigenes Herz, dein Wahres Gesicht. Verwechsle mich nicht mit äußeren Dingen. Schau nur hin und sage Ja!«

Es gilt, Erfahrungen damit zu sammeln, wie dieser schimmernde Herzschleier sich über ein Objekt drapiert, um dann nur wieder im Lauf der Zeit langsam zu verblassen. Diese Situationen kann ich nicht willkürlich herbeiführen, sie ereignen sich einfach. Wir verlieben uns doch, oder? Können wir uns absichtlich in eine Person, in eine Idee oder in das Training verlieben?

Langsam reift in diesem Holzkopf, der ich nun einmal bin, durch die Übung im Alltag das Bewusstsein heran, dass ich mich zu meinem eigenen Herzen unwiderstehlich hingezogen fühle und dass ich unbedingt mit meinem eigenen Herzen zusammenkommen muss, und nicht mehr mit dem gewünschten Gegenstand.

Jetzt können wir nochmals das schlichte und wohlbekannte »Ich will etwas« betrachten. Die Faszination, die an dem Objekt zu haften scheint, stellt sich in Wirklichkeit als mein eigenes Herz oder mein Herz-Bulle heraus. Weil wir jetzt klarer sehen, können wir uns von dem Gegenstand loslösen und endlich damit aufhören Bilder zu malen, die wir mit unserem Herzenswunsch verwechseln. Von dem »Ich will etwas« bleibt jetzt nur ein zusammengeschrumpftes »Ich will« übrig. Jetzt wird klar, dass dieses Verlangen eine fast unwiderstehliche Kraft besitzt, die wild entschlossen ist Bilder anzufertigen und mich zu zwingen, ihnen nachzujagen. Alle großen Religionen warnen daher vor der Erschaffung von Götzenbildern und vor konkreten und abstrakten Vorstellungen. »Das Tao, das mit Namen genannt wird, ist nicht das ewige Tao.« Wie lauteten nach Südlicher Tradition die Worte Buddhas bei seinem Erwachen? »Jetzt habe ich dich erblickt, den Baumeister des Hauses; der Dachfirst ist zerbrochen, nie wieder wirst du neue Häuser errichten.« Wir brauchen diese Häuser nicht so zu betrachten, als reichten sie von einem Leben bis zum nächsten hin; das jetzige Leben genügt vollauf. Die neuen Häuser sind die Bilder, die wir ständig malen, oder die sich vielmehr von selbst malen, auf einem von Natur aus leeren Spiegel – es sind Wanderwege der Gedanken, die in endloser Runde entstehen und aufeinander folgen. Ich lebe in dieser imaginären Bilderwelt und halte sie für lebensnotwendig. Denn ohne sie und ohne etwas, hinter dem ich herjagen kann, habe ich nichts zu tun, bin ich eigentlich nichts – eine dunkel erahnte Perspektive, die mich mit panischer Angst erfüllt.

Wenn beides ertragen werden kann – sowohl die Angst, nichts zu werden, als auch die Urkraft, die in dem gebieterischen »Verlangen« enthalten ist –, ohne erneute Flucht in das Erstellen von Bildern, dann erlebt man das »Ich will« in seiner urtümlichen Kraft oder Macht. Energie ist dynamisch und muss wirken. Wenn sie vom Malen und Verfolgen der Bilder abgehalten wird, vollführt sie eine Kehrtwendung und scheint das anzugreifen, was noch vorhanden ist – nämlich »Ich«. Wenn wir genügend Kraft besitzen, um uns wirklich zu öffnen, sei es auch nur schrittweise, und wenn wir uns nicht gegen die Energie wehren, sondern sie annehmen, dann können wir sie bitten »auf uns einzuwirken«. Daraus ergibt sich dann ein Verbrennen und Umwälzen, bis das noch Vorhandene – Ich – hinweggebrannt und zermürbt ist. Die Energie ist somit geläutert und transformiert, weil einfach nichts mehr übrig geblieben ist. In dem Augenblick, wo nichts mehr da ist, wo ich nicht da bin, alles zu beobachten oder zu urteilen, kehrt die Energie wieder zu dem zurück, was sie immer gewesen ist – nämlich Buddha-Natur. Die notwendige Bedingung für diese Transformation ist die sanfte Wandlung des Bullen. Der sanft gewandelte Bulle ist die Kraft, die wie ein Phönix aus dem brennenden Feuer aufsteigt. Diese Läuterung oder Befreiung von der Kraft der täuschenden Bilder wird durch den Bullen, der den Hirten nach Hause trägt, dargestellt.

Aus all diesen scheinbar mannigfaltigen Gründen – welche letztlich nur die sanfte Wandlung des wilden Herzens beinhalten – ist Arbeit mit dem Bullen zu leisten. Sie beinhaltet geduldiges Durchhalten und entschlossene Fortführung der Übung. Wenn das Herz eine echte Neigung verspürt diesen Weg zu gehen, dann kann dies auch ohne die ablenkenden und irreführenden Gedankenbildungen durchgeführt werden, die in uns kursieren und das überdecken, was wirklich ist. Der Hirte, der nun weder nach rechts noch nach links schaut und der auf dem gewandelten Bullen reitend auf seiner Flöte spielt, ist eins mit dem Bullen und eins mit dem Spielen geworden, und daher ist er frei. Könnt ihr euch erinnern, was von dem hartnäckigen Bullen gesagt wurde? »Eigensinn wütet in ihm und wilde Tiernatur beherrscht ihn.« Jetzt nicht mehr. In Bild 6 wurde er wirklich sanft gewandelt, transformiert. Die Energie ist gewiss nicht verloren oder verschwunden, sondern ist die gereinigte tragende Kraft geworden, welche in Richtung Heimat fließt – eine beständige Kraft, die den Heimweg kennt. Obwohl die Heimat allerorts ist und auch schon verlockt, ist der eigentliche Weg der Rückkehr sehr lang. Er verlangt einen vollständigen Einsatz und ein Streben, um die Kluft zwischen dem vollständig menschlichen Wesen und dem Geist zu überbrücken.

Hierzu sind zwei weitere Stadien notwendig. Der Bulle und der Hirte, die nicht nur als Einheit handeln und harmonisch zusammenhalten, müssen jetzt wirklich Eins werden (Bild 7), und danach ist ein vollständiges und bedingungsloses Niederlegen zu vollziehen (Bild 8). Weil dies nicht von selbst stattfindet, ist noch langes weiteres Training erforderlich. Dies kann jetzt als der eigentliche »religiöse Weg« betrachtet werden, der über das vollständig Menschliche hinausgeht mit Richtung auf den Geist. So geht das Training immer und immer weiter. Bei jedem Stadium taucht das Gefühl auf – »das ist es«, aber eigentlich gibt es schon vom allerersten Schritt an ein echtes »das ist es«. Diejenigen, welche schon lange Zeit üben, sind sich darüber klar, kennen aber auch zugleich die Trägheit, die jedem Körper zu Eigen ist und die immer wieder flüstert: »das ist es« und sich ausruhen und nicht weitergehen will. Erinnert euch an Māras Versuchungen! An dieser Stelle hilft uns die Lehre Buddhas über Mitleid. Wahres Mitgefühl beginnt bei uns selbst; aber je weniger wir alles auf »Ich allein« beziehen, desto mehr breitet es sich ganz natürlich aus und schließt andere mit ein.

Es gibt viele Grade von Mitgefühl. Anfangs, wenn wir die Vier Großen Gelöbnisse wiederholen, wirkt dies ermutigend. Für einen Außenstehenden mag der Mut, derartige Gelübde abzulegen, anmaßend oder heuchlerisch erscheinen. Ihre Bedeutung wird aber im Verlauf des Trainings klar. Sogar die ersten Schritte können nur aufgrund der Kraft des Gelübdes vollzogen werden. Wenn sie nicht wirklich als Hoffnung und Streben im Herzen vorhanden sind, werde ich zwangsläufig schon ganz am Anfang aufgeben, vorausgesetzt ich habe mich überhaupt zum Gehen des Weges aufraffen können.

VII – Der Bulle ist vergessen, der Hirte bleibt zurück

Es gibt keine zwei Dharmas. Der Bulle diente nur vorübergehend als Hilfsmittel, ähnlich wie ein Wegweiser, der den Weg gewiesen hat. Man könnte ihn auch mit einer Kaninchenfalle oder einem Fischernetz vergleichen, die ihren Zweck erfüllt haben. Es erscheint dem Hirten nun so, als ob das leuchtende Gold aus dem Erz herausgeschmolzen wurde, oder als ob der Mond hinter einer Wolkenbank hervorkäme. Schon von Urbeginn an strahlt das eine kühle Licht.

Gedichte

1

Nach der Heimkehr auf des Bullen Rücken
ist der Hirte still und gelassen. Der Bulle ist nun vergessen.
Auch wenn die heiße Sonne schon hoch am Himmel steht,
mag der Hirte ruhig schlummern.
Peitsche und Zügel sind unnütz nun und unters Dach geworfen.

2

Obwohl der Hirte den Bullen vom Berg herabbrachte,
bleibt der Stall leer.
Strohmantel und Bambushut haben ihren Dienst verrichtet.
Zwischen Himmel und Erde ist er jetzt sein eigner Herr,
singt und tanzt und lebt in Muße, ist an nichts gebunden.

3

Seit der Hirte heimgekehrt, ist die Heimat überall.
Wenn Dinge und Selbst vergessen sind,
währt den ganzen Tag lang Friede.
Vertraut dem Gipfel »Eingang zum tiefen Geheimnis« –
auf dieses Gipfels Höhe kann kein Mensch sich niederlassen.

Bild 7
Der Bulle ist vergessen, der Hirte bleibt zurück

Die verbleibenden Bilder 7 bis 10 sind am ehesten als Hinweise anzusehen. Der eigentlich religiöse Weg in der Menschenwelt (aber nicht mehr gänzlich der Menschenwelt) beginnt mit Bild 7. Die Überschrift lautet: »Der Bulle ist vergessen – der Hirte bleibt zurück«. Der Bulle ist aber nicht einfach in Vergessenheit geraten. Er »ging in die Verwandlung ein«, ist also transformiert worden. Als Bulle ist er für immer entschwunden; der Hirte bleibt allein zurück. Wohin verschwand der Bulle? Etwas zu vergessen ist eine Angelegenheit; aber hier wurde der Bulle selbst in seiner Natur menschlich und mit dem Hirten zu einem Ganzen. Und nachdem sich das ganze menschliche Herz erfüllt, vollendet und erhoben hat, sitzt auch der ehemalige Hirte jetzt vor einer Herberge auf dem Gipfel eines Berges. An diesem Ort ist nur eine Geste möglich, die gleichzeitig menschlich und spirituell ist, nämlich das Niederknien mit gefalteten Händen, den Blick auf das »Hohe« gerichtet. Wenn wir nichts haben, zu dem wir aufschauen können, wenn nichts mehr als über uns stehend erachtet wird, dann sind wir zu unbekümmert, und das Herz kann sich nicht öffnen. Es gibt immer mehr als mich selbst, und eben dorthin blickt mit offenem Herzen und leuchtenden Augen der Hirte auf, dessen Herz nun der lebendige, vollständig menschlich gewordene Bulle ist. Denkt niemals, ihr wäret am Ziel angekommen; wie weit auch der Berggipfel noch entfernt zu sein scheint, ist er dennoch nichts als ein Felsvorsprung zum kurzen Ausruhen und zum Atemschöpfen. Wenn man aufwärts schaut, gibt es immer einen noch höher gelegenen Ort, und wenn man hinunterblickt, gibt es eine Menge zu tun.

Es kann verführerisch sein zu glauben, man sei schon am Gipfel angekommen. Wer dies aber behauptet und ernsthaft davon überzeugt ist, befindet sich noch weit unten. Wenn man wirklich auf den Gipfel blickt, sieht man, was es dort oben noch gibt. Es ist wichtig, sich darüber im Klaren zu sein.

Bedeutsam ist auch, dass im Bild der Mond auf gleicher Höhe mit dem Berggipfel steht und nicht die Sonne. In den Texten ist stets von dem leuchtend eiskalten Mond die Rede. Hierfür gibt es einen Grund. Da es im ganzen buddhistischen Training um die sanfte Wandlung des Bullen geht, also um die Wandlung der Energie, die unter dem Druck der quälenden Leidenschaften aufflammt, wäre es unangemessen, diese Energie mit der glühenden Sonne zu vergleichen. So dient der leuchtende, eiskalte Wintermond als herkömmliches Symbol für die Befreiung von den quälenden Leidenschaften. Sein Licht ist nicht »heiß« und unterscheidet sich deutlich in seiner Intensität vom Sonnenlicht, welches scharfe Kontraste hervorruft und dunkle Schatten wirft. Auch das Licht des Mondes kann Unterschiede aufdecken, ruft aber weniger starke Kontraste hervor. So ist die Sichtweise im Schein des Vollmonds, während im Sonnenschein düstere Schatten in einer Welt der Dualität entstehen. Hier kann ich nicht umhin Partei zu ergreifen, und genau hier kommt »Ich« wieder zum Zuge.

Der Berggipfel heißt »Eingang zum tiefen Geheimnis«, und auf dem können Menschen sich nicht niederlassen. Obwohl wir dort hinaufgelangen müssen, ist der Ort keine Stätte zum Ausruhen; entweder setzen wir den Buddha-Weg weiter fort, oder wir bleiben stecken und fallen zurück. Denn obwohl der Bulle wirklich verschwunden ist, muss der Hirte nun in den Hintergrund treten, sich auf diesem Gipfel selbst loslassen und sich dem Weg, dem religiösen und spirituellen Leben widmen. Ebenso wie in Bild 6 die Fesseln des Ich transzendiert wurden und das wahre menschliche Wesen befreit wurde, muss in Bild 7 sogar diese Stufe transzendiert werden. Das ist Voraussetzung für den nächsten Schritt zu Bild 8. »Der Buddha-Weg ist der höchste; ich gelobe, ihn zu Ende zu gehen.« Bild 7 schildert die innere Landschaft, die psychologische Einstellung dieses Gelübdes. Dort findet eine echte Veränderung mit wirklicher Hingabe statt, und dann erfolgt ein Weitergehen.

Es gibt aber noch einen weiteren und höchst bedeutsamen Punkt zu berücksichtigen. Bild 7, »Der Bulle ist vergessen, der Hirte bleibt zurück«, veranschaulicht auch die dringende Notwendigkeit, den Bullen wirklich sanft zu wandeln. Und zwar nicht nur nach außen hin, sondern tief im Inneren muss eine völlige Wandlung der Bullen-Natur stattfinden. »Der Bulle ist vergessen, der Hirte bleibt zurück.« Was sind eigentlich die Folgen, wenn das Training nicht gründlich, hart und bitter genug war, ohne »Knochenbrüche«? Die Veränderung erfolgt dann in entgegengesetzter Richtung: »Der Hirte ist vergessen, der Bulle bleibt zurück«! Irgendwann sind wir alle sicherlich einmal Bullenmännern oder Bullenfrauen in der Familie oder im Beruf begegnet. Das sind noch die weniger schlimmen Fälle. Das volle Ausmaß der katastrophalen Macht einer solchen Bullen-Besessenheit kann man in der weltlichen und religiösen Geschichte studieren.

Um sicherzugehen, dass der Bulle wirklich sanft gewandelt wird, ist das gewöhnliche tägliche Leben als unser Trainingsgelände gut geeignet. Es versorgt uns reichlich mit Gelegenheiten, immer wieder zu überprüfen, ob noch die geringsten Spuren von Auflehnung vorhanden sind. Wenn dies zutrifft, muss man mit dem Training entschlossen fortfahren, immer mehr und mehr Training absolvieren.

Ich erinnere mich an eine Geschichte von Sessō-Rōshi, unter dem ich das Glück hatte, sechs Jahre lang trainieren zu können. Er erzählte mir von seinem Lehrer, Zuigan-Rōshi, der ein hohes Alter erreichte. Nach der Zen-Tradition galt er gemeinhin als das, was man unter einem »strengen Lehrer« versteht. Einmal im Monat pflegte Sessō-Rōshi Zuigan-Rōshi zu besuchen, wobei er sich stets von seinem aufwartenden Mönch begleiten ließ. Das Amt, dem Rōshi aufzuwarten, ist wie alle anderen Ämter im Kloster auch auf die Dauer eines halben Jahres beschränkt. Es ist für den Betreffenden immer eine sehr prägende Zeit. Der Rōshi eines Rinzai-Klosters wird zwar nicht als »Guru« betrachtet, aber ohne seine Anwesenheit, seine Unterweisungen (Sanzen) und Lehrreden (Teishō) gäbe es weder Rinzai-Training noch eine spirituelle Führung. Somit werden seine besondere Bedeutung und der ihm erwiesene Respekt verständlich. Sein Wohlbefinden ist für die Gemeinschaft äußerst wichtig, und alle schauen mit Vertrauen und Achtung zu ihm auf. Wenn das nicht zuträfe, gäbe es keinen Grund, im Kloster zu bleiben. Der aufwartende Mönch muss die Eigenarten des Meisters genau kennen lernen und macht für das halbe Jahr der Amtsdauer das Wohlbefinden des Meisters zu seinem eigenen, wobei er sich selbst vergisst. Dadurch erklären sich auch die Bedeutung und die prägende Wirkung dieses Amtes – und die festgesetzte Dauer ist so bemessen, dass zwar eine Prägung stattfinden kann, sie aber doch nicht lang genug ist, um die Beziehung zu persönlich werden zu lassen; von Letzterem wird strikt abgeraten.

Zurück zu meiner Geschichte. Ich wusste von einer Reihe von Mönchen, dass sie Sessō-Rōshis Besuche bei Zuigan-Rōshi keineswegs schätzten. Sessō-Rōshi war ein sanftmütiger und umgänglicher Meister, den man einfach respektieren und verehren musste. Aber Zuigan-Rōshi behandelte ihn – in Anwesenheit der Jüngeren –, als ob er ein Mönch im ersten Jahr wäre.

Sessō-Rōshi erzählte mir etwas, was ich niemals vergessen habe: »Ich weiß ganz genau, dass die jungen Mönche diese Besuche abscheulich finden. Aber ich kann Ihnen kaum sagen, was sie für mich bedeuten. Hier bin ich Rōshi, Abt des Daitoku-ji. Was ich von jedem, mit dem ich in Kontakt trete, zu hören bekomme, ist allein ein ›Ja, Herr‹, ›Herr, wenn Sie es so wünschen‹, nichts sonst. Es ist eine sehr einsame Position. Jedes Mal, wenn ich dann meinen monatlichen Besuch bei Zuigan-Rōshi mache, fühle ich mich wieder jung. Ich bin so dankbar dafür, dass er mich wie einen unerfahrenen Anfänger behandelt. Wenn ich merke, wie sehr das meine Aufwartenden stört, versuche ich ihnen meine Haltung zu erklären. Sie verstehen sie nicht wirklich, aber mit der Zeit werden sie es auch herausfinden.«

Das muss wirklich auf die Probe gestellt werden, nicht wahr? Wenn ich mich in Situationen bedroht fühle, in denen ich geringschätzig behandelt oder herabgesetzt werde, und wenn dabei dann auch nur das kleinste Aufbegehren auftritt, ist noch sehr viel Training erforderlich. Solche Testsituationen kommen wirklich vor, nicht nur im Lauf des normalen Trainings oder in den Ereignissen des täglichen Lebens, sondern auch wenn der Rōshi gelegentlich zu »angeln« beginnt. Plötzlich wird einem ein Vorwurf gemacht, der offensichtlich aus der Luft gegriffen ist. Anfangs lodert etwas auf: »Warum tadelt er mich nur?« Dann geht man betroffen mit dem Gefühl von dannen: »Ich muss es klarstellen und ihm verständlich machen, dass es nicht meine Schuld ist.« Nachdem man über ein oder zwei Jahre weiterhin hadert, geht einem langsam ein Licht auf, dass die Angelegenheit völlig unwichtig war und man sich nichts daraus machen sollte. In diesem Zusammenhang wird man an Trainings-Geschichten wie die über Meister Hakuin erinnert, der, als er fälschlicherweise von dem ganzen Dorf wegen eines wirklich gravierenden Fehlverhaltens beschuldigt wurde, nur kurz bemerkte: »Ist das so?« Es gab dabei keinen Versuch, sich reinzuwaschen, obgleich er mit Sicherheit nicht schuldig war. Einfach »Ist das so?« zu sagen und es dann dabei zu lassen... Als sich die Situation änderte und seine Unschuld bekannt wurde, beließ er es auch dabei; seine einzige Bemerkung war wieder nur: »Ist das so?«

Es gibt dann noch die andere Geschichte von einem frühen chinesischen Meister, der geächtet und auf den Gipfel eines Berges verbannt wurde. Dort unterrichtete er die Bären, Wölfe und Steine. Schließlich wurde er zurückgerufen, und das war auch in Ordnung. Das zeigt ein Mitgehen mit den Umständen, wie sie auch sein mögen, ohne daraus ein persönliches Problem zu machen. Wenn das transparent und klar geworden ist, dann ist das Nicht-Ich durch den »Eingang zu dem tiefen Geheimnis« gelangt. Kein Ich kann auf dem Berggipfel sitzen; in jedem Fall hat kein Ich Platz, um sich auch nur eine kurze Zeit niederzusetzen. Daher gibt es auch keinerlei Versuchung, auf dem Berggipfel zu bleiben. Das Nicht-Ich erkennt, dass es eigentlich keinen solchen Ort gibt, dass es keine Erkenntnis gibt und auch nicht die Versuchung sich niederzusetzen. Selbst wenn es einen solchen Platz gäbe, kann das Nicht-Ich, weil es überhaupt nichts ist, sich auch nicht niederlassen.

Auf all diese Bedeutungen weist dieses Bild hin. Vom siebten Bild an begegnen wir religiösen Darstellungen, die lediglich als Hinweise dienen, die aber nicht zum »Begreifen« gedacht sind. Worauf sie hindeuten, ist ein Geheimnis. Von der Seite des

»Ich« aus kann ein Geheimnis nicht verstanden oder erfasst, sondern lediglich verehrt werden. In der Gebärde der Verehrung, in tiefer Verbeugung vor ihm, kann sich das Herz öffnen. Wenn es auf diese Weise geöffnet ist, kann es das Geheimnis widerspiegeln und bei anhaltendem Training auch daran teilhaben.

Nachdem ich schon zwei oder drei Jahre lang unter Sessō-Rōshi geübt hatte, erlaubte er mir gelegentlich, die Tinte für seine Kalligrafien vorzubereiten. Als ich eines Tages an seiner Türschwelle stand und mich verbeugte, sagte er: »Wissen Sie, dass das wirklich Wichtige sich überhaupt nicht übersetzen oder sprachlich vermitteln lässst?« Ich hatte gerade mit Schwierigkeiten des Übersetzens zu tun, besonders bei den ganz alten Geschichten, die zwar frei erzählt und frei wiedergegeben werden, jedoch von Menschen, die wirklich verstehen, was sie bedeuten. So sagte ich: »Ja«, und war froh, dass diese Übersetzungsschwierigkeiten allgemein anerkannt wurden. Der Rōshi schaute mich an und sagte: »Nein, nein. Sie verstehen es nicht wirklich. Das Wichtigste kann nicht übersetzt werden.« Ich dachte an die Kōan – alle haben, was technisch als ein »Auge« bezeichnet wird, und wenn das nicht verständlich oder subjektiv gefärbt dargestellt wird, dann verfehlt das Kōan oder der »Fall« seine Pointe, obwohl oberflächlich die Geschichte dieselbe bleibt. Ich dachte, ja, das ist ein wichtiger Punkt. »Närrin! Das wirklich Wichtige lässt sich nicht sprachlich vermitteln.« Als er meinem Gesicht ansah, dass ich immer noch an meinen alten irrtümlichen Vorstellungen festhielt, führte er ein Beispiel an. Obwohl es aus Japan stammt, kann uns seine Bedeutung auch zugänglich werden. »Stellen Sie sich mal einen Besuch an einem Shintō-Schrein vor. Dort befindet sich ein Gitter, an dem sie Ihre Opfergabe niederlegen. Anschließend ziehen Sie an der Strohschnur, an welcher oben eine kleine Glocke befestigt ist. Die Glocke ruft die Gottheit (Kami) herbei, die dann aus ihrem kleinen Haus oben herauskommt und sich dem Anbetenden offenbaren kann. Dieser faltet dann seine Hände und verbeugt sich in ihrer Gegenwart«. Sessō-Rōshi lächelte plötzlich und fuhr fort: »Es ist unwesentlich, ob die Gottheit anwesend ist oder nicht; man kann sie ohnehin nicht sehen. Was aber im Herzen des aufrichtig Glaubenden vor sich geht, wenn er sich in

Gegenwart der Gottheit tief verbeugt, das ist der Segen – und das lässt sich nicht in Worte fassen.«

Dies dürfen wir nicht vergessen, wenn wir uns der religiösen Sphäre nähern, wenn wir Bilder wie 7 bis 10 betrachten oder Geschichten hören oder lesen, die uns geheimnisvoll erscheinen; sie sollen verehrt, nicht verstanden werden. Wenn ich glaube sie verstehen zu können, habe ich sie einfach in die Kategorie eingeordnet: »Ach, ja, nichts als das…«, und so ist die ganze Wirkung an mir vorbeigegangen. Das Mysterium ist verschwunden, das Herz verschließt sich und fühlt sich einsam und verlassen.

Es gibt eine Zulu-Geschichte von Laurens van der Post: Ein Hirte besaß einige wunderschöne Kühe, die er alle sehr gern hatte. Eines Morgens stellte er fest, dass sie keine Milch mehr gaben. Er war sehr unglücklich darüber und meinte, er habe ihnen wohl kein gutes Weideland zugewiesen; deshalb bemühte er sich an dem Tag, sie zu einer guten Weide zu führen. Aber am nächsten Morgen gaben die Kühe wieder keine Milch. Er war sehr aufgebracht und gab sich noch mehr Mühe, üppiges Weideland zu finden, wobei er sich schon ausmalte, wie viel schäumend cremige Milch er bekommen würde; aber am nächsten Morgen waren die Kühe wieder trocken. Nun wurde er argwöhnisch, und als er am Abend das Weideland der Kühe einzäunte, versteckte er sich, um Ausschau zu halten. Gegen Mitternacht wurden Leitern vom Himmel herabgelassen und eine ganze Schar von himmlischen Mädchen schwärmte herunter, jedes mit einer kleinen Kalebasse auf dem Arm. Sie machten sich daran, die Kühe zu melken, tranken die Milch und tanzten anschließend fröhlich herum. Wütend stürmte der Hirte aus seinem Versteck hervor und rief: »Ihr stehlt meine Milch! Was macht ihr mit meinen Kühen?« Die Mädchen kletterten aber schnell wieder die Leitern herauf und zogen sie hoch. Nur ein Mädchen, welches sich zu weit entfernt hatte und nicht mehr rechtzeitig eine Leiter erreichen konnte, blieb zurück. Der Kuhhirte hielt das Mädchen fest. »Was habt ihr mit meinen Kühen gemacht?«, sprach er aufgebracht. Plötzlich fiel ihm auf, wie schön die junge Frau war, und er sagte: »Von nun an bleibst du hier und wirst meine Frau.« Sie antwortete: »Ich werde bleiben und dir Vermögen, Glück und Reichtum bringen. Allerdings gibt es eine Bedingung. Meine kleine Kalebasse – nie, nie, nie darfst du in sie hineinschauen. In ihr befindet sich das Glück für uns beide.« So stellten sie die kleine Kalebasse samt Deckel auf das Fensterbrett, und sie lebten eine Zeit lang glücklich miteinander. Den Kühen ging es gut und alles wuchs und gedieh.

Unter diesen glücklichen Umständen begann die Kalebasse zwangsläufig auf den Hirten eine unwiderstehliche Anziehungskraft auszuüben. Er konnte einfach nicht umhin; der Drang zu wissen, was in der Kalebasse war, wuchs ständig. Er versuchte sein Versprechen einzuhalten, aber eines Tages war die Verlockung zu groß geworden. Als seine Frau draußen bei den Kühen war, näherte er sich heimlich dem Fensterbrett. Er hob den Deckel ein wenig an und blickte vorsichtig hinein – und brach dann in ein Gelächter aus. Nichts war darin! Er lachte und lachte, und als seine Frau am Abend nach Hause kam, lachte er immer noch. Sie bemerkte, was geschehen war und rief aus: »Was hast du nur getan?« Immer noch lachend sagte er: »Oh, Frau, du dumme Frau! Warum hast du so ein Theater um diese Kalebasse gemacht? Da ist ja gar nichts drin!« Sie brach in Tränen aus und sprach: »Du hast unser gemeinsames Glück einfach dahingehen lassen; nun ist nichts mehr übrig, nun muss ich fortgehen.« Sie nahm die scheinbar leere Kalebasse, legte sie über ihre Schulter, ging in Richtung des Sonnenuntergangs und wurde niemals wieder gesehen.

Wenn wir den Inhalt der Kalebasse sehen, ergreifen oder uns seiner bemächtigen wollen, mit unserem kleinen beschränkten Verstand, oder uns buddhistische Lehren aneignen wollen und meinen, sie zu verstehen – dann geht es um dieses »nichts als das …«. Wenn wir ein Mysterium auf diese Weise betrachten, löst es sich wieder zu »nichts als das« auf, und wir werden kleinlich und oberflächlich. Angesichts eines Mysteriums gibt es von uns aus deshalb nur eine Geste – die der Verbeugung. Dann kann das Herz vielleicht für einen Augenblick aufleuchten, das Mysterium widerspiegeln und uns auf den Berggipfel locken. Wenn wir uns ausreichend bemüht haben, und der sanft gewandelte Bulle verschwunden und menschlich geworden ist – nicht einfach vergessen, sondern zu menschlicher Gestalt umgebildet worden ist –, dann kann uns das Unglück nicht widerfahren, ein Bullenmann oder eine Bullenfrau zu werden. Dann ist die Verbeugung die Bestätigung des Eintritts zum Gipfel, zum

Tiefen Geheimnis, an dem es keinen Platz gibt, wo menschliche Wesen sich niederlassen können, weil es kein Ort ist.

Wohin führt uns dann der nächste Schritt, ohne dass wir uns niederlassen? Es gibt kein Ende; und der Hirte ist noch da. Es gibt nur eins, was ihm noch unbekannt ist. Es geht aus den Texten ganz deutlich hervor, was für das Befolgen des Buddha-Weges erforderlich ist. Sie zählen uns auch die Schwierigkeiten auf und sagen, was niedergelegt werden muss – das Ich. Aber das Ich besitzt sehr tiefe Wurzeln. Eine Individualität, oder was immer auch »mir« passen oder für »mich«, nicht aber für dich möglich sein könnte, all das muss abgelegt werden. Dann bleibt immer noch etwas übrig – ein Wesen, ein lebendiges Wesen, welches auch abgelegt werden muss. Und was schlussendlich noch abgelegt werden muss, damit die ganze Wurzel des Ich entfernt ist, das ist ein Leben.

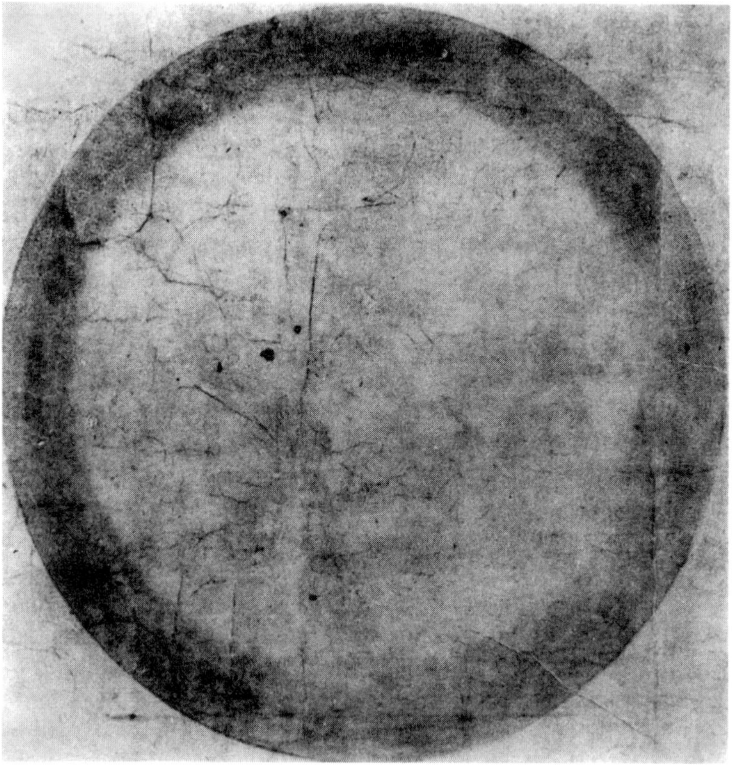

VIII – Bulle und Hirte sind vergessen

Wenn keinerlei weltliches Verlangen mehr da ist, hat auch Heiligkeit ihre Bedeutung verloren. Verweile nicht an einem Platz, wo sich der Buddha aufhält, und gehe eilends vorüber, wo er nicht ist. Wenn jemand an keinem von beiden haftet, können nicht einmal tausend Augen in sein Innerstes schauen. Heiligkeit, der selbst die Vögel Blumen darbringen, ist schändlich.

Gedichte

1

Peitsche, Zügel, Bulle, Hirte, alles ist verschwunden.
Nicht in Worte fassbar ist des hohen Himmels Blau.
Könnte Schnee sich häufen auf dem glühend roten Herd?
Nur an diesem Ort ist ein Mensch den alten Meistern gleich.

2

Retten wollte ich, o Schande, doch die ganze Welt.
Keine Welt jedoch, zu meinem Staunen, gibt es hier zu retten.
Seltsam! Ohne Ahnen, ohne Nachfolger,
wer könnte Erbe sein, wer die Wahrheit übermitteln?

3

Mit einem Schlag zerschmettert sind Heiliges und Profanes.
Im Unbegehbaren endet der Pfad.
Hell der Mondschein überm Tempel,
in den Bäumen rauscht der Wind.
Alle Flüsse bringen ihre Wasser zurück ins Meer.

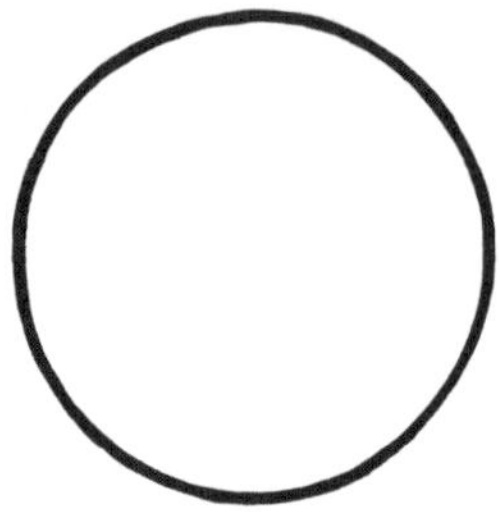

Bild 8
Bulle und Hirte sind vergessen

Von Bild 7 aus, von »dem Niederlegen eines Lebens« führt der Übergang zu dem, was Meister Hakuin unter dem Großen Tod versteht. Er wird als leerer Kreis dargestellt, weil der Tod noch unbekannt ist. Außerdem ist Tod – nicht nur des Ich, sondern von allem, was in die Leere von »überhaupt nichts« eintritt – in Bild 7 noch unbekannt. Bild 8 deutet darauf hin. »Bulle und Hirte vergessen«, spurlos verschwunden! Natürlich nicht als bloße Vorstellung, das wäre nutzlos. Vielmehr ist das Bild als Hinweis auf ein Mysterium zu verstehen. Alle Religionen kennen solche Wegweiser oder vergleichbare Darstellungen. Dieser leere Kreis könnte mit dem Leiden Christi oder der Kreuzigung verglichen werden – dieses Leerwerden von allem, angefangen vom »Warum hast du mich verlassen?« bis hin zum »In deine Hände lege ich meinen Geist.«

Für uns ist der Tod der große Unbekannte, ein Geheimnis, das uns mit Angst erfüllt. Wir müssen nicht weit suchen, um die Gründe für diese Angst zu finden. Religiöse Werte haben wir nicht mehr, welche diese Furcht in Schranken halten könnten, indem sie ein anderes Bild »zeigen«. Falls die Analogie von Welle und Ozean überhaupt bekannt ist, kann sie bestenfalls eine intellektuelle Wirkung auf uns ausüben. Sie entspricht aber ganz sicherlich nicht dem lebendigen Gewahrsein, welches alles Denken und Handeln durchdringt.

Heutzutage sind wir der Ansicht, alles zu wissen oder wissen zu müssen. Was macht uns so anmaßend zu glauben, dass alles »wissbar«, alles mit dem Verstand begriffen werden kann? Nur allzu sehr sind wir geneigt, über andere zu spotten, weil sie immer noch kein Heilmittel für dies oder jenes erfunden haben. Wir scheinen unfähig zu sein zumindest die Möglichkeit in Betracht zu ziehen, dass gerade unsere eigene Starrköpfigkeit, Gier, Verblendung und Unfähigkeit zur Zurückhaltung »dies und jenes« hervorrufen. Wir würden es ganz entschieden von uns weisen, dass wir selbst solche Dinge durch unser eigenes ungezügeltes Benehmen ins Leben riefen. Unsere eigenen »geschätzten« Meinungen, das heißt aber in Wirklichkeit unsere hitzigen Überzeugungen und Wünsche, treiben uns rücksichtslos an – »Eigenwilligkeit tobt in ihm, und er wird von seiner wilden Tier-Natur beherrscht«, wie es der Text von dem Bullen berichtet. So bestehen wir auf Rechten, ohne jedoch irgendwelche Pflichten zu akzeptieren. Bevor wir uns darüber klar sind, wo wir selbst stehen, befinden wir uns im Einsatz für eine als altruistisch befundene Sache schon auf einem Friedensmarsch, kämpfen für dieses oder jenes Recht und beteiligen uns an einer aufrührerischen Demonstration. Wir können nicht anders handeln, können einfach nicht umhin, weil wir in uns selbst gespalten und somit parteiisch und unfähig sind, beide Seiten zu erfassen. Wir sind zu eng, weil die Angst uns gleichsam zusammenschrumpfen lässt. Ohne Frieden im eigenen Herzen kann auch in der Außenwelt kein Frieden herrschen.

Heutzutage wissen wir viel – überwiegend jedoch nur im Kopf. Daher kennen wir die Eigenschaften und Funktionen der Dinge, wissen aber nicht, was sie eigentlich sind. Dies ist für uns nicht möglich, obwohl wir auf unser »Wissen« stolz sind. Und doch wissen wir zum Beispiel nicht, was LEBEN ist, da wir es nicht herstellen und auch keine leblose Form beseelen können. Bei solchen Überlegungen hilft uns, dass LEBEN als solches nicht ist; es ist lediglich eine Vorstellung. Es existiert nicht für sich allein ohne eine Form. Das Gleiche gilt für den Tod. Auf eine Weise kennen wir das LEBEN wirklich, da wir es ja leben. Vom Tod jedoch, der uns alle erwartet, wissen wir nichts; und wir fürchten das Unbekannte, nämlich den Zustand, wo ich nicht mehr da bin.

Da wir die meisten, wenn nicht gar alle religiösen und kulturellen Werte verloren haben und nur »mich selbst« und »meine«

Meinungen (oder »unsere« Ansichten, unsere Seite, was auf dasselbe hinausläuft) gelten lassen, hat die Angst vor dem Tod stark zugenommen. Weiterhin wird sie noch durch die Medien verstärkt mit ihren endlosen Berichten über gewaltsame Todesfälle. Dabei wird der Tod in seinen blutrünstigen Formen dargestellt. Vielleicht sind wir alle einmal Zeugen von Verkehrsunfällen oder noch Schlimmerem gewesen, und diese Unglücksfälle sind wirklich bedauerlich und tragisch.

Wer aber hat heutzutage jemanden sterben sehen und auch wirklich einer sterbenden Person zur Seite gestanden, wer hat alte Eltern oder Verwandte gepflegt und umsorgt? Und dann auch am Ende die Würde und Erhabenheit eines toten Antlitzes von einem friedlich Verstorbenen gesehen? Wenn dieses »Allgemeinwissen« noch eine herkömmliche Erfahrung wäre – also solch ein Sterben die Regel statt die Ausnahme wäre –, dann hätten wir vielleicht weniger Angst vor dem Tod. Unsere älteren Verwandten werden jedoch aus Gründen der Bequemlichkeit in ein Krankenhaus oder Altersheim gebracht, weil wir uns zum einen nicht die Mühe machen wollen, sie zu pflegen, da wir ja so viel zu tun haben und die Zeit hierfür nicht da ist. Diese Selbstsucht führt zum Verlust einer wesentlichen menschlichen Erfahrung, so dass wir unseren Fantasien freien Lauf lassen, wodurch die Angst noch zunimmt. Wir sind uns dessen nicht ganz unbewusst, dennoch führen uns diese Täuschungen meist in die Irre. Heutzutage wird viel über Anteilnahme geredet – man kümmert sich um alle Arten von abstrakten Angelegenheiten, was leider oft zu Aggression und Gewalt führt. Und die so genannten »Helferberufe« stehen sehr im Vordergrund; auch wenn sie lobenswert sein mögen, muss man sich fragen, ob sie wirklich ernsthaft und aufrichtig ausgeübt werden. So mag ich mich ja um irgendeine alte Person kümmern, aber meine eigene Mutter ist in einem Heim untergebracht. Oft verbringe ich nur einige Stunden mit der Pflege, vielleicht sogar »meine« gesamte Arbeitszeit; meistens bin ich auch als Fürsorger ausgebildet. Allzu oft bin ich mir meiner Arroganz nicht bewusst, die mich glauben lässt, genau zu wissen, wie ich dich zu pflegen habe und wie du mitzumachen und mir dankbar zu sein hast. Und wenn meine Schicht mit dir vorbei ist, gehe ich nach Hause und genieße mit gutem Gewissen meine Ruhepause von alldem. So habe ich in Wirklichkeit nichts gegeben, sondern lediglich mein Selbstwertgefühl gehoben.

Wirkliches Geben besteht darin, jemanden zu Hause über den ganzen Tag hinweg zu versorgen, und dies lässt nur wenig, wenn überhaupt noch Zeit zum Ausruhen. Auch wird es mir dabei nicht mehr möglich sein, meine herablassende Haltung aufrechtzuerhalten – »Ich kenne mich hier aus und du hast zu gehorchen«. Die Probleme sind dann sehr real und zeigen in einer solchen Situation deutlich, wie wenig belastbar wir eigentlich sind. Oder wie wenig wir letzten Endes wirklich zu geben haben. Und daher auch, wie wenig wir vorbereitet sind dem Tod ins Auge zu schauen.

Es gibt aber noch einen weiteren Gesichtspunkt, der mit Angst und Tod verbunden ist und der heutzutage so gefördert wird, dass dieses ganze Syndrom nur noch mehr verstärkt wird. Wenn ich einen inneren Drang verspüre (das Aufbrausen von emotioneller Energie oder die quälenden Leidenschaften, kurz gesagt den Bullen), gibt es nur wenig, was mich innehalten lässt, was mir Ruhe verschaffen oder dabei helfen könnte, nachzudenken oder mich zurückzunehmen. Stattdessen wird mir gesagt, dass es ganz natürlich ist, »mich« zu artikulieren, mir Befriedigung zu verschaffen oder was auch immer. Folglich kultivieren wir nie innere oder moralische Stärke und haben daher wenig oder gar nichts, was uns in Notzeiten aufrecht halten könnte. Das führt dazu, dass ich nur dann leistungsfähig bin, wenn ich »entflammt« bin, d. h. wenn ich durch Gier nach Gewinn oder Ruhm zum Handeln motiviert werde. Oder ich benötige für die Bereitstellung der Energie eine Herausforderung oder ein Problem, das Gruppen-Emotionen hervorruft. »Allein« treibe ich wie ein Schiff ohne Ruder umher – ein Zustand, der besonders jüngere Leute befällt. Obwohl von alters her die Sehnsucht nach Erfüllung vorhanden ist, fehlt mir dazu die verfügbare Energie. So habe ich wenig zu geben, und die Angst vor dem Tod nimmt noch zu. Der Sprachgebrauch gibt uns oft sehr klare Hinweise; wahrscheinlich ist »Tod« heutzutage das einzige Tabuwort – genau das.

So konfrontiert uns Bild 8 mit einem Angst einflößenden und gefürchteten Geheimnis; eine echtes Sichaufopfern ohne Vorbehalt, ein willentliches Mitgehen mit allem, was geschehen mag, eine bedingungslose Hingabe ist gefordert. Hierzu passend gibt es im Zen-Buddhismus die Parabel von Meister Kyōgen. Dieser wusste genau, worum es ging, da er wie alle großen Meister dies selbst nicht nur gedanklich, sondern im eigenen Körper durchlebt hatte. Meister Kyōgens Analogie für den Zustand von Bild 8 ist jemand, der an einer senkrecht abfallenden Felsklippe hängt. Er ist herabgerutscht und hält sich mit einer Hand an einer Wurzel fest. Dort hängt er nun, die andere Hand und beide Beine baumeln über dem Abgrund. Kann er jetzt loslassen und in den Abgrund stürzen? Mit Sicherheit hängt uns das Leben einige Male über einen solchen Abgrund, aber wir sind uns dessen nicht bewusst. Wir wüssten auch nicht, was wir an diesem Abgrund tun sollten. Mithilfe von Zehen und Fingernägeln haben wir darum gekämpft, wieder hinaufzuklettern; und da wir nun einmal hier sind, waren wir dabei erfolgreich.

Das Leben ist das ideale Trainingsgelände, allerdings sagt es uns nicht immer, was zu tun ist, oder wir weigern uns zuzuhören. Da wir nun unwissend bleiben, ist Täuschung – das erste Glied in der Zwölfgliedrigen Kette der Bedingten Entstehung – in uns allen stark ausgebildet, so wissen wir nicht, wie wir handeln sollen, wenn das Leben uns auf die Probe stellt. Folglich müssen wir ein Training auf uns nehmen, was einem eigentlich ganz überflüssig vorkommt; aber es gibt keinen anderen Weg. Im Verlauf des Trainings werden wir schreiend über den Abgrund gestoßen. Wütend darüber, dass das Training uns so unangenehme Dinge zumutet, klettern wir zurück, nur um erneut über den Abgrund gestoßen zu werden! Grausam? Warum werde ich niedergemacht, statt auf die Höhe des Berggipfels gebracht zu werden, wo ich mich am liebsten niederlassen möchte. Weg von all dem. So hätte »Ich« es gerne! Wenn das Training wirklich gründlich ist, wird es uns nicht nur über den Abgrund stoßen, sondern wird uns auch lehren, was und warum wir es zu tun haben, wenn wir an dieser Klippe hängen. Zudem wird uns mitgeteilt, was die Wurzel ist, an der wir hängen – das eine Ding, wovon wir überzeugt sind, es haben oder loswerden zu müssen; das eine Ding, welches für meine Zufriedenheit sorgt. Ein Sprichwort sagt: »Der Gesunde hat tausend Wünsche. Der wirklich Kranke hat nur einen.«

Wenn also in unserem Leben wieder einmal alles auf »nur dieses Eine« reduziert wird, was zweifellos schon einige Male vorgekommen ist, wenn nichts anderes Bedeutung hat als »nur dieses Eine« – was es auch immer sein mag –, dann ist das die Wurzel, an welcher wir über dem Abgrund baumeln. Mein Herz hängt so sehr an diesem einen Ding, dass ich glaube, ohne es nicht leben zu können. Meine Hand zu öffnen und die Wurzel loszulassen käme mir wirklich wie Selbstmord vor. Wenn wir jedoch einmal von diesem »Ding« »losgelöst« sind, von der Wurzel also – dann Wunder über Wunder! Kein Tod durch den Verlust des Herzens, vielmehr entdecken wir, dass das Herz schon immer da und nie »nach außen verloren« war.

Das Training lehrt uns, die sich an die Wurzel anklammernde Hand zu öffnen. Nochmals sei gesagt: Das Leben hängt uns mehrere Male an eine solche Klippe; und das Training stößt uns mit Sicherheit über den Abgrund. Daher nehmen wir ein Training auf uns. Unter anderem lernen wir dabei, was die Wurzel ist, so dass wir sie an ihr hängend erkennen können, und auch, wie man sie loslässt. In einem langen, harten und bitteren Training wird genügend Kraft entwickelt, die Hand zu öffnen und loszulassen, obwohl sich mir bei dem Gedanken alle Haare sträuben. Kein Training und nicht einmal der Buddha sind in der Lage, die Hand gewaltsam zu öffnen; das habe ich selbst zu tun und ich selbst muss vom Felsen herabstürzen, direkt in das Nichts. Ja, dies erscheint wie der Tod. Meister Hakuin nennt ihn den Großen Tod, der zum Leben hin gestorben wird. Könnten wir also sagen, dass sich vielleicht hier der Eingang zum Großen Leben befindet? Können wir es uns wirklich vorstellen? Natürlich können wir es nicht. Wir können nur reflektieren, immer und immer wieder, dass das der Ort ist, wohin das Training führt; und uns entsprechend vorbereiten, damit wir diese Wurzel erkennen können. Wir nehmen dieses Training auf uns, um uns selbst immer kleiner zu machen – mich mit meinen Vorlieben und Aversionen –, so dass unsere Ansprüche stetig zusammenschrumpfen und auch das Gewicht, das an der Wurzel hängt, nicht mehr zu schwer ist, um unsere Hand öffnen zu können.

Als Meister Kyōgen an der Wurzel hing, war er nur noch ein Schatten seiner selbst. Er hatte anscheinend schon zu einem frühen Zeitpunkt in seinem Training Schiffbruch erlitten. Als er knapp über zwanzig Jahre alt war, starb sein Lehrer, unter dem er nur ein paar Jahre lang geübt hatte. Sein Nachfolger, der frühere Hauptmönch Issan, erkannte die Intelligenz und das große Potenzial des jungen Kyōgen, bemerkte aber zugleich, dass er noch durch seine eigene Brillanz verblendet war. Als Kyōgen ihn nach herkömmlicher Sitte darum bat, unter ihm das Training fortsetzen zu dürfen, stellte Issan ihn auf die Probe und sagte: »Bist du wirklich sicher, dass du weitermachen willst, da du schon alle Sūtras auswendig gelernt hast?« Kyōgen freute sich über die Anerkennung und erwiderte: »Ein Jahr oder auch zwei mehr könnten sicherlich noch nützlich sein.« »Du eingebildeter junger Narr«, schalt ihn der Lehrer, »glaubst du etwa, dass alle Sūtras der Welt dir zum Verständnis des wahren Mysteriums verhelfen? Wohin gehst du nach dem Tod? Weißt du das?«

Wie man sieht, kommen wir immer wieder auf den Tod zurück. Der junge Kyōgen war überzeugt, dass die Antwort auf alle Fragen in den Schriften zu finden sei. Da er sie alle auswendig kannte, lässt sich leicht vorstellen, wie sie in seinem Geist umherschwirrten, als er die Frage zu beantworten versuchte: »Wohin gehe ich nach dem Tod?« So intensiv er auch nachdachte, konnte er doch keine passende Antwort finden. Ziemlich verstört räumte er ein, sich momentan nicht an eine entsprechende Textstelle erinnern zu können. Würde man ihm gestatten, in den Schriften nachzuforschen? Er blätterte in allen Sūtras herum, blätterte Band für Band durch, Hunderte von Heften. Tage verstrichen, aber nirgendwo konnte er die Antwort finden. Mit wachsender Unruhe verlor er schließlich die Fassung, immer noch unumstößlich überzeugt, dass die Antwort irgendwo in den Sūtras zu finden sei; er vergaß sogar über einige Tage hinweg, Nahrung zu sich zu nehmen und zu schlafen. In geringerer Ausprägung kennen wir alle einen solchen Zustand – derart von einer Sache gepackt zu sein, so getrieben, dass man unfähig ist loszulassen. Nachdem er vergeblich alle Sūtras erneut »durchforstet« hatte, war Kyōgen schließlich verzweifelt, und seine Verwirrung wurde unerträglich. Er eilte zu Meister Issan: »Ich kann die Antwort nicht in den Sūtras finden. Bitte teilt sie mir mit. Ich bin am Ende, bitte!« Issan sagte: »Die Antwort lässt sich weder mitteilen noch möchte ich dir die Möglichkeit vorenthalten, sie selbst zu finden.« Kyōgen, der für einige Tage nicht gegessen und geschlafen hatte und kurz vor dem Zusammenbruch stand, verlor jegliche Selbstbeherrschung, packte seinen Lehrer und bedrohte ihn: »Ihr müsst es mir sagen, sonst kann ich einfach nicht weitermachen. Sagt es mir oder ich töte Euch!« In seinem Zustand war dies wirklich ernst gemeint. Meister Issan, der sich zweifellos über die Realität der Bedrohung im Klaren war, brüllte dennoch vor Lachen: »Und glaubst du, dass mein toter Körper dir die Antwort geben wird?«, erwiderte er.

Bei diesen Worten kam Kyōgen wieder zu sich und fiel in sich zusammen. Es wurde ihm klar, was er getan hatte, nämlich dass er Hand an seinen Meister gelegt hatte; er kannte auch die Konsequenz davon – dass er für dieses Leben alle nur möglichen karmischen Beziehungen zu den Lehren verloren hatte. Aufrichtig bat er um Verzeihung und nahm respektvoll Abschied von dem Meister. Es schien ihm nur eine Lösung zu geben (er war zu dieser Zeit erst 21 Jahre alt), sein Leben irgendwie so friedfertig wie möglich zu verbringen, und er fasste den festen Entschluss, in seinem nächsten Leben oder in dem Leben danach sein Training wieder aufzunehmen und den Buddha-Weg entschlossen weiterzugehen. So lebte er als Wandermönch und zog umher. Nach etwa zehn Jahren führte ihn der Zufall, wenn man es so nennen kann, zum Grabmal des Sechsten Patriarchen, das zu jener Zeit nicht mehr besucht wurde und daher vernachlässigt war. Kyōgen blieb dort, hielt den Ort von Unkraut frei, fegte das Gelände rein und glaubte, dass er sein Leben auf diese Weise sinnvoll verbringen könnte.

Weitere zehn Jahre gingen ins Land. Als er eines Tages wie gewöhnlich das Gelände fegte, Blätter und hier und da ein Steinchen einsammelte und dann den Trog in einem Bambusdickicht ausleeren wollte, rief ein Kieselstein beim Aufprall auf einen Bambusstamm ein klickendes Geräusch hervor – ein im Grunde ganz gewöhnliches Vorkommnis. Aber in dem Augenblick war die Zeit reif – das Geräusch beim Aufprall drang nicht nur in Kyōgens Ohr, sondern direkt in sein Herz. In Analogie zum Baumeln über dem Abgrund öffnete sich jetzt die Hand, weil es nichts mehr gab, an was er sich anklammern konnte und nichts zum Festhalten mehr da war. Er fiel förmlich durch den leeren Kreis hindurch und erlebte das Große Satori. In seinem Gedicht anlässlich dieses Ereignisses schilderte er, wie er seine Werkzeuge beiseite legte, badete und zum ersten Mal seit zwanzig Jahren wieder sein vollständiges Mönchsgewand anlegte. Dann bestieg er den Hügel hinter seiner Klause und vollführte in Dankbarkeit neun volle Niederwerfungen in Richtung des fernen Issan, da dieser ihm sogar unter Lebensgefahr nicht die eigene Erkenntnis, durch den leeren Kreis zu gehen, vorenthalten und ihm auch nicht die Möglichkeit genommen hatte, selbst den Großen Tod zu sterben; der Große Tod, der gestorben werden muss, um zu dem Großen Leben zu erwachen, das nicht »meins« ist.

So sind also die letzten vier Bilder als Hinweise zu den Mysterien zu betrachten, die uns dabei helfen, uns in Ehrfurcht zu verbeugen. Sogar in einer solchen spirituellen Eiszeit wie der unseren helfen sie uns, das Herz in Verehrung und Dankbarkeit für etwas zu öffnen, was wir nicht kennen und was in sich selbst nichts ist, aber in uns allen lebt und uns »in-formiert«. Wenn wir es nicht verehren, wird es uns niemals mit seinen Segen spendenden Händen berühren und kann dann auch nicht auf den nächsten Schritt hinweisen, den es zu tun gilt.

IX – Die Rückkehr zum Ursprung, zurück zur Quelle

Im Ursprung ist alles rein, und es gibt keinen Staub. Im Frieden des nicht willentlichen Handelns (Wu-wei) gesammelt betrachtet er das Kommen und Gehen aller Dinge. Nachdem er sich nicht länger durch wechselhafte Trugbilder täuschen lässt, gibt es nichts mehr, was er noch lernen müsste. Blau fließt der Fluss dahin, grün ragen dic Berge empor. Er sitzt allein da und betrachtet den Wandel aller Dinge.

Gedichte

1

Zum Ursprung, zur Quelle zurückgekehrt, alles ist vollendet.
Nichts ist besser, als plötzlich blind und taub zu sein.
Aus seiner Herberge schaut er nicht hinaus.
Frei fließt der Fluss, wie er fließt,
rot blühen die Blumen, wie sie eben blühen.

2

Das wundersame Tun fragt nicht nach Sein oder Nichtsein.
Um zu sehen und zu hören, muss er nicht blind oder taub sein.
Gestern Abend flog der goldene Vogel ins Meer hinab,
doch heute flammt wie eh und je das Morgenrot am Himmel auf.

3

Getan ist, was zu tun war, die Wege sind nun vollendet.
Klarstes Erwachen ist nicht verschieden von Blind- und Taubheit.
Der Weg, den er einst ging, ist unter seinen Strohsandalen
zu einem Ende gekommen.
Kein Vogel singt. Prachtvoll ist der roten Blumen Glanz.

Bild 9
Die Rückkehr zum Ursprung, zurück zur Quelle

Die Rückkehr zum Ursprung ist ein Gang zur Quelle, so als ob man stromaufwärts zum Anfang eines Flusses ginge. In unserem Bild bedeutet es aber, sich sogar noch vor den Anfang zurückzubegeben. Der Text sagt, dass es hier von Anbeginn rein gewesen ist, und es gibt überhaupt keinen Staub. Wurde das nicht auch im Vers des Sechsten Patriarchen ausgesprochen, nach dem es im Nichts keinen Staub gibt, der sich irgendwo absetzen könnte, und demnach Staubputzen überflüssig ist? Aber bei sorgfältiger Überlegung ist es so einfach nicht. Diese Quelle oder der Ursprung sind etwas ganz Besonderes. Jemand besinnt sich auf das Blühen und Verwelken des Formlosen, reflektiert über das Erscheinen und Vergehen aller Dinge einschließlich des Reflektierenden selbst; solch ein Mensch, so berichtet der Text, verweilt gesammelt in der Ruhe des absichtslosen Handelns. Die chinesischen Schriftzeichen ›wu-wei‹ werden meist als Nicht-Tun oder Nicht-Handeln übersetzt. Die Bedeutung dieses taoistischen Begriffs ist aber kein Nichttun im Sinn von Inaktivität und bloßem Dasitzen, bei dem man die Welt vorbeiziehen lässt, Nabelschau oder was auch immer betreibt. Ein solches Nichttun würde der Bedeutung nicht gerecht werden. Vielmehr geht es um die Rückkehr zum Ursprung, zur Quelle, um eine erneute Verbindung, um nochmals in Einklang zu stehen mit allem, was ist. So wird dieser besondere und entscheidende Begriff, wenn wir wirklich über ihn nachdenken, die richtige Bedeutung ergeben: kein Nicht-Handeln oder Nicht-Tun im Sinn von Trägheit oder Gefühllosigkeit

– denn wie könnte das der Buddha Weg sein? –, sondern Absichtslosigkeit, Nichteinmischung! Mit anderen Worten: Ich bin nicht länger da, um die Dinge nach »meiner« Art hinzubiegen.

Echtes Einssein bedeutet, wirklich in Einklang zu sein. Dann findet ein natürliches Mitgehen mit dieser Harmonie statt, wobei man stets in Einklang mit den jeweiligen Situationen und Ereignissen handelt, ein natürliches Erscheinen und wieder Vergehen; es gibt keinerlei Auflehnung mehr und keinen Versuch, irgendetwas für mich herauszuschlagen. Alle Formen haben ihren Anfang, ihr Dasein und ihr Ende. So steht das oben erwähnte Handeln in Einklang mit der Situation und kann als »Nichteinmischung« – Absichtslosigkeit – bezeichnet werden. Dies bedeutet auch, dass man kein Wichtigtuer mehr ist. Wenn wir jetzt die grundlegenden buddhistischen Lehren betrachten, dann ist gerade dieses beabsichtigte, willentliche Hinbiegen der Dinge nach irgendeinem erdachten Konzept oder nach einem Vorbild, wie gut es auch sein mag, die Karma hervorrufende Wirkung, die uns an das kreisende Rad fesselt. Davon kann ein »Ich« sich nicht befreien, denn meine Natur ist wählerische Wahl. Wenn aber einmal der Große Tod mit dem Durchgang durch den leeren Kreis gestorben wurde, dann ist gleichzeitig auch der Drang sich einzumischen gleichfalls hinweggestorben. Jemand, der das Blühen und Verwelken von Formen betrachtet, verweilt in gesammelter Ruhe der Absichtslosigkeit.

Es gibt eine amüsante Geschichte über das natürliche Erscheinen und Vergehen, welches eines von den Drei Daseinsmerkmalen darstellt: die Veränderung. Die beiden anderen sind Leiden und Nicht-Ich. Gerade weil die Erzählung amüsant ist, fördert sie den Prozess, sich »sanft« von den Anhaftungen zu befreien und von der starken Neigung, die Dinge so hinzubiegen, wie sie sein »sollten«.

In alten Zeiten brachte man häufig aus verschiedenen Gründen kleine Knaben in Tempel und Klöster, wo sie erzogen wurden und eine gute Ausbildung erhielten. Viele von ihnen wurden ordiniert. Hier ist die Geschichte von einem solchen Jungen, aus dem später ein berühmter Zen-Meister wurde. Wie alle Jungen war er nicht immer folgsam, sondern gelegentlich auch unartig. Er hörte die verschiedenen Lehren und hatte einige im Gedächtnis behalten. Der Tempel besaß eine berühmte

Tee-Schale, die nur bei besonderen Gelegenheiten benutzt wurde. Eines Tages ließ sie der Junge aus Unachtsamkeit zu Boden fallen, wobei sie zerbrach. Hierüber geriet er fast außer sich und war äußerst beunruhigt. Dann erinnerte er sich an die Lehre von dem Erscheinen und Vergehen aller Dinge, und so fasste er sich ein Herz. Er hielt die Scherben in den Händen hinter seinem Rücken versteckt, begab sich zum Meister und sagte: »Habt Ihr nicht öfters davon gesprochen, dass alle Dinge einen Anfang und ein Ende haben?« »Jawohl«, antwortete der Lehrer. »Und stimmt es auch, dass sie zu gegebener Zeit erscheinen und wenn ihre Zeit abgelaufen ist, sie wieder vergehen?« »Ja«, lautete wieder die Antwort. Danach sprach der Junge: »Ehrwürdiger Meister, für unsere Tee-Schale ist die Zeit des Vergehens gekommen«, und dabei zeigte er die Scherben der zerbrochenen Schale vor.

Das Erscheinen und Vergehen ist kein abstraktes Dogma. Es kann nützlich sein, uns an diese kleine Geschichte zu erinnern, wenn etwas für uns Kostbares verschwindet; und wenn wir dann darüber lächeln können, sind wir schon über den schlimmsten Kummer, Bitterkeit oder was uns auch immer zugestoßen sein mag, hinweg. Hierin liegt der Wert solcher Lehrgeschichten: Sie helfen uns bestimmte Hindernisse zu überwinden. Wenn man sie nur einmal hört, vergisst man sie leicht. Es kann daher hilfreich sein, sie zu sammeln und von Zeit zu Zeit zu lesen. Wenn wir dann wirklich an einem Tiefpunkt angelangt sind und ratlos dastehen, mag die passende Geschichte plötzlich aus der Tiefe unseres Gedächtnisses oder Herzens aufsteigen und kann uns auf einen anderen Gesichtspunkt aufmerksam machen. Vielleicht können wir dann einen Ausweg aus dem Dilemma sehen und sind wieder handlungsfähig.

Nach der Rückkehr an den Grund und den Ursprung ist eine Reaktion auf jegliche Situationen und Ereignisse keine beabsichtigte Handlung mehr, sondern direkt, unmittelbar und passend – gerade richtig. Für einen Zuschauer mag diese Reaktion von irgendwoher kommen und eine Antwort herausfordern, wobei wir nicht wissen von wem. Die Reaktionsweise zeigt eine Wirkung und ist nicht mehr blindlings impulsiv, schießt nicht mehr über das Ziel hinaus, wobei alles nur verpfuscht würde.

Wenn jemand einmal durch den leeren Kreis und zurück an den Ursprung gelangt ist, wird er nicht länger durch die flüchtigen Bilder der Welt getäuscht. Solch ein Wesen benötigt kein weiteres Training mehr. »Blau fließt der Fluss, grün ragen die Berge empor« ist ein treffender Ausdruck hierfür. Was bedeutet das? Für einen Augenblick mögen wir Fluss und Berg so wahrnehmen, wie sie gerade sind, aber bald schon heißt es wieder: »Wenn doch das Wasser etwas schneller fließen würde, dann gäbe es hier Forellen. Und wäre es nicht schön, wenn die Baumgrenze ein wenig höher läge, dann würde der Berg noch eindrucksvoller erscheinen. Wenn die Berggipfel mit Schnee bedeckt wären – diese wunderbare Bergluft…«. Wir können die Dinge einfach nicht lange so belassen wie sind, nicht wahr? Beabsichtigtes Einmischen, Bilder machen, wählerische Wahl, das ist unser Leben hier auf dieser Seite, getrennt von unserem Grund und Ursprung.

Der Text zu Bild 9 sagt auch: »Rote Blumen blühen in herrlichem Glanz, aber kein Vogel singt.« Es geht hier wirklich zurück zum Ursprung, zurück zur Quelle, wo alles im Keim und noch nicht »herausgekommen« ist. Wir müssen uns dessen gewahr werden und uns um Wieder-Verbindung mit diesem Potenzial bemühen, aus dem alles hervorgeht, weil es die Quelle alles wahrhaft Guten, jeder schöpferischen Kraft und von alldem ist, wonach ich mich in meinen besten Augenblicken sehne, was ich aber niemals »sein« kann. Ich kann nicht völlig gut sein, selbst wenn ich es versuche; ich kann mir nur Mühe geben, einigermaßen gut zu sein. Bestenfalls jedoch ist dieses Gutsein nur aufgesetzt und entspricht nie der wirklichen Güte, denn die Natur selbst ist noch nicht gut. Deshalb verändert sich diese angeeignete Güte, wenn die Umstände sehr schwierig werden; sie ist eben noch nicht in ihrer Gesamtheit gut. Sie ist nur wie ein Deckmantel, der leicht herabgleiten kann und es auch oft tut. Aber wenn die Natur des Menschen selbst gewandelt ist, gibt es bei einem solchen Wesen kein vorsätzliches Einmischen mehr, keine Ich-Intention ist mehr möglich, weil kein Ich mehr da ist, und damit vergeht auch der Wunsch, gut zu sein. Hier in Bild 9 ist im Ursprung alles rein; jetzt ist es der Natur selbst nicht mehr möglich, anders zu sein als gut, im besten menschlichen Sinn.

Deshalb wird sie unter allen Umständen, seien sie nun gut, schlecht oder indifferent, selbst bis zum Äußersten getrieben, gut bleiben, weil es ihr nicht möglich ist, anders zu sein. Man kann mit Sicherheit voraussagen, dass eine Maus sich unter allen Umständen immer wie eine Maus verhalten wird, ein Elefant wird sich wie ein Elefant benehmen, und eine Ameise wird immer wie eine Ameise sein. Aber ein menschliches Wesen? Wir wandern täglich, stündlich und noch schneller durch die sechs Bereiche des Rades, nicht wahr? Aus diesem Grund sind wir noch nicht menschliche Wesen, obwohl wir menschliche Körper besitzen. Unsere Natur ist noch nicht »menschlich«, und so müssen wir humanisiert werden.

Dieser Vorgang des Menschlichwerdens wurde schon in Bild 6 abgeschlossen. In Bild 9, »Zurück zum Grund und Ursprung«, vollzieht sich ein weiterer Schritt, eine weitere Veränderung der menschlichen Natur. Bild 10 zeigt nämlich nicht nur ein vollendetes, sondern ein vollständig spirituelles menschliches Wesen – nicht nur in der Erscheinungsform, die wir verblendeten Menschen besitzen, sondern sogar noch über den vollendeten Menschen hinausgehend. Dies ist die größtmögliche Entwicklung, die sich der menschliche Geist vorstellen kann – wahre Güte, die nicht anders sein kann als gut; echte Kreativität, die im Einklang mit dem Geist und mit sich selbst fließt und handelt und gemeinsam mit der wirklichen Wärme des befreiten menschlichen Herzens aus allem Tun und Lassen herausstrahlt und sich darin offenbart – sei es nun im Abspülen einer Tasse oder in der Skulptur eines großen Künstlers. Weil diese Kreativität weder eine künstliche oder beabsichtigte wählerische Wahl ist, noch mit rein intellektueller Konzeption etwas zu tun hat und auch nicht mehr durch den Gegenstand getäuscht oder von dem Anhaften an ein Ergebnis beeinflusst wird, hat sie nun freies Spiel und kann sich entfalten, ohne von »meiner« verblendeten Ausdruckweise eingeengt zu werden. Zu diesem freien Spiel gehört dann seine Äußerungsweise oder sein Handeln, aber wir werden hierauf noch in Bild 10 zurückkommen.

Blau fließen die Ströme dahin, grün türmen sich die Berge auf; der Hirte sitzt allein da und betrachtet den Wechsel aller Dinge. Wir dürfen dieses einsame Dasitzen nicht missverstehen.

Bei diesem Betrachten des Wechsels geht es nicht um ein Herabblicken von irgendeiner Berghöhe auf dieses Treiben im Taubenschlag dort unten. Wenn es kein Getrenntsein mehr gibt – und es gibt keine mehr an der Quelle und im Ursprung –, dann findet ein natürliches Teilnehmen statt, ein »Anteilnehmen« an dem, was ist, ohne jedoch davon mitgerissen zu werden. »Weinen, aber nicht von den Tränen überschwemmt werden; lachen, aber nicht vom Gelächter hingerissen werden.« Es ist wahr, dass die Lehren des Buddha den Weg aus dem Leiden heraus zeigen, und ich mag mich auf ihn begeben, weil ich alle meine Sorgen und Probleme loswerden will – aber das ist eigentlich nicht der Verlauf des Weges. Er hilft mir aber über das Schwelgen in »meinem« eigenen Leiden hinweg, welches eine Angewohnheit des Ich ist. Weit davon entfernt, die Verbindung mit einer voll ausgeprägten Menschlichkeit zu verlieren, liegt in Bild 9 der Ursprung, die eigentliche Quelle der Menschlichkeit und von allem, was ist – und von dem wir alle ein Teil sind. Von dort und nur von dieser Stelle aus ist der Übergang zu Bild 10 möglich.

Wir dürfen aber niemals vergessen, dass diese letzten Bilder lediglich Wegweiser sind, weder zum Verstehen gedacht noch wörtlich zu nehmen. Sie weisen auf etwas hin, was für mich immer ein Mysterium bleiben wird. Als solches sind sie zu verehren und etwas, was uns tief bewegt und dadurch auch aufnahmefähig macht, das Wunder des Lebens wahrzunehmen, nicht nur als Zuschauer, sondern als Teilnehmer. Ein neues Leben!

X – Das Betreten des Marktplatzes mit Segen spendenden Händen

Das Reisigtor ist fest verschlossen, und weder ein Weiser noch ein Buddha kann ihn erblicken. Er hat sein Licht tief verborgen und gestattet es sich, von den bewährten Wegen der alten Meister abzuweichen. Mit einer Kürbisflasche in der Hand betritt er den Marktplatz; während er nach Hause zurückkehrt, wirbelt er mit seinem Stab umher. Gerne verweilt er in Weinbuden und bei Fischständen, um die Augen der Betrunkenen zu öffnen und sie zu sich selbst zu erwecken.

Gedichte

1

Mit nackter Brust und barfüßig betritt er den Marktplatz,
Voller Staub im Gesicht, den Kopf mit Asche bestreut.
Über seine Wangen strömt ein kräftiges Lachen.
Ohne dass er sich um Wunder bemüht,
lässt er plötzlich tote Bäume aufblühen.

2

Freundlich gesonnen
kommt dieser Kerl von einem fremden Stamm,
mit Gesichtszügen bald wie ein Pferd oder auch wie ein Esel.
Aber beim Rütteln seines Eisenstabes springen plötzlich
alle Tore und Türen weit auf.

3

Direkt ins Gesicht springt der Eisenstab aus seinem Ärmel heraus.
Mit einem lauten Lachen über das ganze Antlitz
spricht er mongolisch oder redet chinesisch.
Weit öffnen sich demjenigen die Tore des Palastes,
der sich selbst begegnet und sich unbekannt bleibt.

Bild 10
Das Betreten des Marktplatzes mit Segen spendenden Händen

Die Überschrift für Bild 10 wird traditionell mit »Das Betreten des Marktplatzes mit Segen spendenden Händen« übersetzt. Schaut euch dieses Geschöpf an, das, wie der Text uns sagt, »von einem fremden Stamm kommt«. Er sieht doch wirklich ungewöhnlich aus, nicht wahr?

Diese Bilder wurden mit äußerster Sorgfalt gezeichnet. Zunächst begegnet er hier einem anderen Pilger, der gerade im Begriff ist zu einer Pilgerfahrt aufzubrechen. Es ist ein kleiner Bursche, der dem Hirten in Bild 1 verblüffend ähnlich sieht. Er trägt ein Bündel und begegnet zufällig einem solchen Großen Wesen. Sie sprechen eine Weile miteinander, und nach diesem Gespräch gelingt es ihm, sein Bündel niederzulegen und sich auf seine Suche zu begeben, wie es Bild 1 zeigt. Er macht sich also ernsthaft auf den Weg, ohne sein Bündel von nur »Ich, Mir und Mein«, aber er befindet sich immer noch in einem gespaltenen Zustand. Die Bilder 1 und 10 treffen aufeinander – sie sind gleich, aber doch nicht gleich. So begegnet der neue Aspirant jemandem, der vorausgegangen ist – oder umgekehrt könnte eine solche Begegnung das Streben hervorrufen, sich auf die Suche zu machen. Wie es auch immer sein mag, jetzt ist nur die Suche wichtig und nicht mehr »Ich«.

Das erwähnte Große Wesen trägt einen massiven Stab, an dem ein großer Sack mit allen möglichen Leckereien befestigt ist. Nur der Sack ist sichtbar, nicht aber der Inhalt. Wir wissen auch nicht, wie schwer oder wie leicht er ist. Außerdem trägt der Hirte einen kleinen Korb. Vielleicht ist er mit der Kalebasse des himmlischen Mädchens vergleichbar, völlig leer und ohne Inhalt; ist er die Quelle des Glücks und der Fülle? Wenn wir mit pietätlosen Augen hinschauen und »nichts sehen«, dann verschwindet das Geheimnis des Glücks und der Zufriedenheit. Und wenn es »nichts als« ist, sind wir blindlings vorbeigegangen, ohne zu sehen. Wir sehen den Wald vor lauter Bäumen nicht!

Bei der Begegnung mit einem solchen Großen Wesen könnten wir versucht sein es zu imitieren oder zu denken: »Sieh mal einer an, das hat es also damit auf sich. Schau ihn nur an – er tut alles, was er eigentlich nicht tun sollte. Er kümmert sich einfach nicht mehr um Vorschriften. Darum geht es also – um Freiheit, um totale Freiheit. Schaut ihn an! Er lässt nicht nur sein Haar lang wachsen, er rasiert sich auch nicht; schaut euch doch den Bart an! Anstatt sich anständig zu kleiden, läuft er ganz schäbig herum. Wenn das eine Robe sein soll – das Gewand hängt ja schlampig herunter und steht weit offen. Zugegeben, er sieht nicht besonders aus, aber seht doch selbst, er zeigt, dass er jenseits von allem steht, jenseits von Gut und Böse – erkennbar an dem großzügigen Schwung und den feinen Gesten.« Dies sind die Fehler, die wir machen – oder gemacht haben –, wenn wir solche Bilder anschauen und solche Texte lesen.

Was wird nun wirklich mit einer solchen Darstellung ausgedrückt? Wir befinden uns hier im östlichen Kulturkreis. In Japan ermahnt man kleine Jungen immer wieder: »Wenn du deinen Bauchnabel zeigst, wird der Donner-Gott kommen und ihn auszupfen!« Das bedeutet nicht nur den Tod, sondern totale Verdammnis, und diese Überzeugung ist tief verwurzelt. Daher auch der Kummerbund oder die Bauchbinde, die alle japanischen Männer tragen oder zu tragen pflegten; niemand würde auf die Idee kommen sie abzulegen, nicht einmal an einem ganz heißen Tag.

Dieses Große Wesen in Bild 10, das uns fast schamlos entblößt entgegentritt, zeigt uns also in Wirklichkeit – und gerade dies wird auch in der Darstellung betont – die Furchtlosigkeit des Bodhisattvas, der gerade aus der Quelle und dem Ursprung aufgetaucht oder »hervorgekommen« ist. Natürlicherweise verbinden wir mit einem Bodhisattva – denn ein solcher ist das Große Wesen –, in erster Linie Mitgefühl. Deshalb erwartet man auch als erste Geste eines »neuen« Bodhisattvas diejenige des Mitgefühls – aber ikonographisch wird er immer mit der Geste der Furchtlosigkeit abgebildet. Echtes Mitgefühl ist in Gegenwart eines Ich nicht möglich, das tief in wählerischer Wahl verstrickt ist. Furchtlosigkeit ist mit Ichlosigkeit gleichzusetzen, und das kommt der Bodhisattvaschaft gleich.

Im *Rinzai-roku* wird dargelegt, wozu ein befreites Wesen in der Lage ist, und es gipfelt in der Schilderung, wie es in den drei tiefsten Höllen herumspielt, als wäre es auf einem Rummelplatz. Als ich zum ersten Mal diese Stelle des Textes las, war ich über den Mangel an Mitleid sehr aufgebracht und gespannt, wie Sessō-Rōshi dies in seinem Teishō kommentieren würde. Er griff das Thema auf und erklärte, dass solche Aussagen gefühllos zu sein scheinen, wenn wir sie auf gewöhnliche Art und Weise mit unseren üblichen Urteilen betrachten, aber gerade dann kommt es zu Missverständnissen. Wir urteilen zu rasch, ohne richtig hinzuschauen, ohne nachzudenken, ohne zu wissen, worum es wirklich geht. Das ist eine unserer speziellen Schwächen, und aus diesem Grund streiten wir so viel miteinander herum.

Ein Bodhisattva kann also »in die drei elenden, tiefsten Höllen hinabsteigen und sich dort verhalten, als sei er auf einem Rummelplatz«. Was hat das wirklich zu bedeuten? Wenn ein Bodhisattva sich in diese Höllen begibt und das bitterste Elend sieht, was geschieht dann? Wenn er nicht völlig befreit ist, wird er sich in diesem Leiden verfangen. Wäre es einem gewöhnlichen menschlichen Wesen möglich, solch ein Elend zu sehen und sich nicht dabei zu denken: »Wie entsetzlich!«? Aber in diesem Augenblick ist er schon gefangen und wird daher nur zu einem weiteren Mitbewohner dieser Hölle.

Sessō-Rōshi betonte, dass es dem Betreffenden auf eine Art recht geschähe, ein weiterer Bewohner zu werden, da niemand ihn gebeten hatte, sich dorthin zu begeben. Traurigerweise hat er nur die Summe des Leidens durch einen zusätzlichen Bewohner erhöht, indem er sich ungebeten nach dorthin vordrängte. Da dies nicht das Verhalten eines Bodhisattvas ist, wäre es besser, überhaupt nicht dorthin zu gehen, es sei denn, er wäre sicher, nicht in das Leiden verstrickt zu werden. Er muss vollständig frei bleiben, selbst inmitten des größten Leidens; denn wenn er es nicht ist, wie könnte er dann den leidenden Bewohnern eine helfende Hand reichen, um sie herauszuführen?

Diese Erläuterungen von Sessō-Rōshi haben auf mich einen tiefen Eindruck hinterlassen, so dass sie mir stets in Erinnerung geblieben sind. Je älter ich im Training geworden bin, umso bedeutungsvoller wurden sie, und zweifellos wird es so weitergehen; je tiefer das Training geht, umso mehr gewinnen sie an Bedeutung. Können wir vielleicht hierüber gelegentlich nachdenken, bevor wir uns vorschnell noch einmal in die Führung der Welt einmischen, um sie nach unserem Dafürhalten zu bessern?

Kommen wir auf das Große Wesen mit den Segen spendenden Händen zurück, von dem der Text sagt, dass er lacht; und dass ohne sein Bemühen Zeichen und Wunder geschehen; so fangen ausgedorrte Bäume plötzlich an zu blühen.

Mir wurde erzählt, dass Sessō-Rōshi bei einer Tagung von Zen Meistern in den späteren 1950er-Jahren gebeten wurde, seine Ansichten über die Verbreitung von Zen darzulegen. Die allgemeine Mehrheit befürwortete Veränderungen, mehr öffentliche Vorträge, vielleicht auch weniger Strenge. Sessō-Rōshi soll bemerkt haben, dass er alle Vorschläge sorgfältig erwogen habe und zu dem Schluss gekommen sei, dass die vorgeschlagenen Maßnahmen nicht schaden könnten; aber er sah auch nicht ihren Nutzen. Die Dinge verändern sich ohnehin mit der Zeit von selbst. Auch wenn man mehrReden und Vorträge halten würde, so anregend sie auch wären, würden sie doch bald in Vergessenheit geraten.

Er vertrat die Ansicht, dass diejenigen, welche für die die Verbreitung von Zen einträten, auch die Verantwortung dafür zu tragen hätten. So sollten sie zuerst einmal bei sich selbst gründlich auf- und ausräumen, so dass überhaupt nichts übrig bliebe, keinerlei Wünsche mehr, nicht einmal der Wunsch, Zen zu verbreiten. Wenn innen alles rein und leer ist, dann erwacht im menschlichen Herzen so viel Wärme, dass es davon schier überquillt. Da alle Wesen das gleiche menschliche Herz besitzen, so wenig sie sich auch dessen bewusst sein mögen, sind bei der Begegnung mit einem solchen überquellenden Herzen keine Worte mehr nötig. Da gibt es eine Ausstrahlung, und wer damit in Kontakt tritt, ist davon berührt. Er weiß nicht wie oder warum, aber ein erstes Streben regt sich in ihm und lässt den Gedanken aufkommen: »Ich weiß nicht, wer er ist, ich weiß auch nicht was er ist, aber da ist etwas« ; und in diesem Streben beginnt er mit dem Training. Darauf weist Bild 10 hin, auf die Tätigkeit oder das freie Wirken eines Bodhisattvas.

Ganz zu Anfang schon sagt unser Text, dass es für Buddhas etwas zu tun und für menschliche Wesen etwas zu lernen oder auszuführen gibt. Ferner erfahren wir aus dem Text, dass im Unbegehbaren der Pfad zu einem Ende kommt; aber er kommt nicht zu einem Ende, indem er einfach im Sand verläuft. Das Gleichnis vom Floß ist eine der schönsten buddhistischen Parabeln in der Südlichen Tradition. Hier vergleicht der Buddha seine Lehre mit einem Floß, das zum Überqueren eines Flusses dient. Würde man das Floß weiterhin mit sich herumtragen, wenn man einmal sicher über den Fluss gekommen ist? Nein, lautet die Antwort, wir wissen ja alle, dass es nicht nötig ist, das Floß weiter mit sich herumzutragen. Es hat seinen Zweck beim Überqueren des Flusses erfüllt.

Wir aber machen uns hierüber keine weiteren Gedanken und sind nur darauf bedacht, den Fluss so rasch wie möglich zu überqueren und zurückzulassen, was uns nicht gefällt. Und weil ich noch dazu so töricht bin mir einzubilden, dass ich mich jetzt hemmungslos und frei vergnügen könne, glaube ich auch, dass ich das Floß zurücklassen kann. Da es nicht mehr nötig ist, stoße ich es einfach beiseite und bringe damit meine Freiheit zum Ausdruck. Aber solche Gefühle und Handlungen beweisen lediglich, dass ich noch auf dieser Seite des Flusses sitze und noch nicht einmal ein Floß gebaut habe, das mich zum anderen Ufer bringen könnte.

So könnte man glauben, dass der Pfad zu einem Ende kommt, nachdem der Fluss überquert wurde und nachdem der leere Kreis bis zum Ursprung zurück, bis in die Sphäre des anderen Ufers durchschritten worden ist. Das Große Wesen kehrt dann zurück, aber das Floß ist nicht mehr da. Er ist selbst zum Floß geworden, um anderen hinüberzuhelfen. Deshalb ist er kein gewöhnlicher Mensch mehr, sondern ein Großes Wesen, ein Bodhisattva. Er ist einfach für jeden und für alles da, und darin besteht seine »Arbeit«. Deshalb heißt es auch, dass alles, was er berührt, zu blühen beginnt. Er hegt keinerlei Absichten und fordert nicht auf: »Kommt bitte her, ich kenne den Weg. Ich bin das Floß, um euch überzusetzen. Steigt nur auf, lasst mich euch ziehen!« Wir müssen vor noch so guter Absicht auf der Hut sein, da sie letztlich auf das Gleiche hinausläuft wie Einmischung. Was wirklich reif ist, fällt ganz natürlich vom Baum herab. Obst, das noch unreif ist, wird besser nicht abgepflückt. Wer an grünem Obst knabbert, kriegt nur Magenschmerzen. Wir sind bereit, wenn nicht gar fest entschlossen, andere zu zwingen, sich unseren Wegen und Meinungen anzuschließen. Das ist Einmischung.

Hierzu steht die Haltung von Meister Issan in deutlichem Gegensatz – trotz ausgesprochener Todesdrohung enthielt er Kyōgen nicht die Möglichkeit vor, seine Entdeckung selbst zu machen (Bild 8). Nur wenn wir es durch eigenes Training selbst herausfinden, durch unser eigenes Bemühen, werden wir wirklich verstehen. Andernfalls werden wir in dem Augenblick, wo wir vor dem Berg stehen, nicht in der Lage sein über ihn hinwegzugelangen. So muss es uns ermöglicht werden, die Reise Schritt für Schritt zu machen, egal ob sie leicht oder bitter schwer ist, und wir müssen den ganzen Weg auf unseren eigenen Füßen zurücklegen, bis wir dem leeren Kreis gegenüberstehen. Sonst geht alles schief, und es wird uns nicht möglich sein, ungehindert hindurchzukommen. Hier kommt das wahre Mitleid zum Tragen, und dies dürfen wir nicht vergessen. Das Große Wesen hat Kenntnis davon, und es besitzt sowohl das große Mitleid auch als die große Weisheit. Ohne irgendeine Absicht ist er einfach da. Er wird keinen anderen zur Erleuchtung führen – der Lehre nach kann er es nicht – auch der Buddha kann das nicht, denn »sogar Buddhas weisen lediglich den Weg«. Seine Hilfe besteht in seinem Da-Sein; nicht in der Milderung des sprichwörtlich harten Trainings, da dem Übenden sonst seine eigenen Entdeckungen und seine eigene Einsicht vorenthalten werden.

Somit kann man das Große Wesen mit der Sonne vergleichen – sie scheint, denn das ist ihre Natur. Wolken vermindern nicht ihr Strahlen, sie verdecken sie nur vor uns, den Betrachtern. Die Wolken unseres Nichtwissens bedecken gewöhnlich nicht nur die Sonne, sondern auch den Mond. Die Sonne ist davon nicht betroffen – sie scheint eben, sie sagt auch nicht: »Kommt heraus und erfreut euch an mir!« Nur »Ich« empfinde auf solche Weise. Die Sonne scheint einfach – sie kann nichts anderes tun. Wie wir auf diesen Sonnenschein reagieren, hängt von uns ab, ob wir ihn beispielsweise zu heiß finden, Schatten suchen oder uns in der Sonne aalen. Die Sonne bleibt von unseren Reaktionen unberührt, auch Blumen und Pflanzen wenden sich seltsamerweise zur Sonne hin. Man kann Topfpflanzen beliebig herumdrehen, aber innerhalb weniger Stunden haben sie sich »von selbst« zurück zur Sonne gewendet.

So mischt sich das Große Wesen nirgendwo ein. Er geht einfach mit breitem Lächeln umher, mit seinem großen Sack und dem kostbaren Korb, der das Geheimnis enthält und dessen Deckel sorgfältig geschlossen ist. Alles in seiner Umgebung fängt an zu blühen. Wir, von der Statur des kleinen Jungen im Bild, beginnen die lange Reise mit dem Herzen eines Anfängers und hoffen – eigentlich können wir uns dessen sicher sein –, dass wir, wenn auch nur flüchtig, beim stetigen Training einem solchen Großen Wesen begegnen und durch diese Begegnung »bewegt« und inspiriert werden, den nächsten und darauf folgenden Schritt zu tun.

Meine Last erscheint mir bedrückend, aber sie ist eigentlich ganz klein und unbedeutend, wie das Bild zeigt. Wenn ich dessen gewahr werde, dass »mein« Bündel zu seiner eigentlichen Größe zusammenschrumpft und somit auch »meine« Last geringer wird, beginne ich mit leuchtenden Augen der Dankbarkeit für dieses Wunder umherzuschauen. Ein wenig Sonnenschein und Wärme des Großen Wesens ist bei diesem Zusammentreffen in unser Herz eingedrungen. Im Lauf des Trainings entfaltet und öffnet sich das Herz immer weiter, so dass das Gehen nicht mehr so beschwerlich und das Niederlegen nicht mehr ganz so bitter ist.

Für mich ist und wird das Große Wesen, auf das Bild 10 hinweist, ein Geheimnis bleiben. Mein Wahrnehmungsbereich ist der des kleinen Jungen am Punkt des Aufbruchs, gerade wenn sich ein erstes Streben im Herzen erhebt. Das ist die notwendige Begegnung – für die, »deren Augen nur geringfügig mit Staub bedeckt sind«. So können wir mit größtmöglichem Eifer beginnen, »in diesem klafterlangen Körper«, wie es der Buddha ausgedrückt hat, die Art und Weise zu entdecken, wie alle Dinge wirklich sind – einschließlich wir selbst.

Schlusswort

Hiermit ist unsere Bilderreihe zu einem Ende gekommen, oder vielmehr endete sie in einem Kreis und Neubeginn – so erscheint es jedenfalls von dieser Seite aus. Aber vom gegenüberliegenden Ufer – welches hier und jetzt und doch nirgendwo ist – gibt es keinen Anfang und kein Ende, und auch keine Wesen, denen man helfen müsste. Die bloße Absicht, dies zu tun, ist egoistische Arroganz! Da sind das Training, das Gehen des Weges, der Berggipfel und der leere Kreis – und schließlich ist dann – im Weglosen – der Pfad zu einem Ende gekommen. Wie ist das möglich? Schaut auf Bild 10. Beim ehrfürchtigen Verbeugen entfaltet sich dann die Kraft, die uns hilft weiterzugehen.

Diese und ähnliche Bilder haben für Generationen von Übenden als Inspiration und Leitfaden gedient. In ihrer grundlegenden Botschaft sind sie »kulturübergreifend« und daher auch von Bedeutung für alle, die mit dem großen Unternehmen, mit der »Reise nach innen« beginnen wollen. So können diese Bilder besonders für moderne westliche Menschen des 21. Jahrhunderts hilfreich sein. Da wir die Verbindung mit unseren psychologischen Substraten verloren haben und folglich unser Leben sozusagen nur von unserem Kopf aus führen, sind wir uns nicht bewusst, dass wir im Inneren von dem Bullen geleitet werden. Wir sind also tief gespalten und steuern gefährlich nahe auf eine Katastrophe zu, wie unterschiedlich man sie auch darstellt: als nukleare Zerstörung, Verschmutzung der Umwelt, Aggressionen von »anderer Seite« und so weiter. Allen gemeinsam und auch sehr real ist die begleitende Angst. Aber je mehr ich irgendetwas fürchte und abzuwenden versuche, desto mehr Macht gewinnt es über mich. So kann eine wirklich konkrete Gefahr entstehen.

Vielleicht besteht die Botschaft für unsere Zeit darin, nach den Spuren des Bullen in uns selbst zu suchen, ihn einzufangen und sanft zu wandeln, so dass die Kraft, die aus der Umwandlung dieser zerstörerischen elementaren Kraft gewonnen wird, unsere Herzen erwärmt und unseren Geist erhellen kann. Schließlich und endlich könnten wir zu dem Bewusstsein erwachen, dass wir ein integraler Teil sind von dem, was ist. Wenn wir die Verbindung oder Beziehung wiederhergestellt haben und von der Furcht erlöst sind allen Widrigkeiten »allein« gegenüberstehen zu müssen, können wir am Wunder des Lebens harmonisch teilnehmen, indem wir mit ihm in Einklang arbeiten, anstatt uns ihm entgegenzustellen. Dieses Wunder des LEBENS ist selbst das SEIENDE, jedoch ist es nicht statisch, sondern wächst und entfaltet sich immerfort. In der Wahrnehmung eines Großen Wesens erblickt sich das SEIENDE selbst.

In jedem menschlichen Herzen liegt das Streben nach einer solchen Entfaltung. So wie die »äußere Welt« scheinbar immer mehr zusammenschrumpft und sich zunehmend Hinweise auf einen Zusammenbruch durch die rücksichtslose Überbevölkerung andeuten und auch die Gespenster von Hungersnöten und Seuchen wieder zum Vorschein kommen, mögen wir als Urheber dieser fürchterlichen Zustände bereit sein, eines der größten Abenteuer überhaupt zu unternehmen – nämlich uns umzuwenden und die Reise nach Innen anzutreten. Dort begegnen wir dem, was die Bilder zeigen, und geloben zum Wohl von allem, was ist, einschließlich unser selbst, den Pfad zu gehen, bis er im Spurlosen endet. Dort heißt es dann sich nochmals umzuwenden und »zum Marktplatz zurückzukehren«, aber diesmal mit »Segen spendenden Händen«.

Die Autorin

Irmgard Schlögl erhielt ihre Ausbildung im Kloster Daitoku-ji in Japan, wo sie über zwölf Jahre unter den aufeinander folgenden, inzwischen verstorbenen, Meistern Sessō-Rōshi und Sōjun-Rōshi arbeitete.

1977 gründete sie das Zen-Zentrum London im Haus von Christmas Humphreys, der es dem Zen-Zentrum testamentarisch vermacht hatte. 1984 wurde sie als Ehrwürdige Myōkyō-ni vom Abt des Daishū-in, Sōkō Morinaga-Rōshi, ordiniert, der während der ersten zwei Jahre ihres dortigen Trainings leitender Mönch gewesen war. Gleichzeitig wurden für das Zen-Zentrum die Voraussetzungen eines Übungstempels unter dem Namen Shōbō-an geschaffen.

Myōkyō-ni Irmgard Schlögl starb 86-jährig im März 2007.